U0928736

## 作者简介

张振刚，浙江作家，近年涉足地方文化研究，作有《肝胆轮囷雪后松》《乌镇羊肉》《吴孟举和红楼梦研究的瓜葛》等地方文化随笔。其主编的200万字的《濮院镇志》2022年3月由方志出版社出版。

# 三贤日记四种

张振刚 编著

上海文艺出版社
Shanghai Literature & Art Publishing House

图书在版编目（CIP）数据

三贤日记四种 / 张振刚编著 . -- 上海 : 上海文艺出版社, 2022（2024.3重印）
ISBN 978-7-5321-8439-2

Ⅰ. ①三… Ⅱ. ①张… Ⅲ. ①科举制度—研究—中国—古代 Ⅳ. ①D691.3

中国版本图书馆 CIP 数据核字 (2022) 第 150858 号

发 行 人：毕　胜
策 划 人：杨　婷
责任编辑：李　平　程方洁
封面设计：悟阅文化
图文制作：悟阅文化

书　　名：三贤日记四种
编　　著：张振刚
出　　版：上海世纪出版集团　上海文艺出版社
地　　址：上海市闵行区号景路 159 弄 A 座 2 楼
发　　行：上海文艺出版社发行中心发行
上海市闵行区号景路 159 弄 A 座 2 楼 206 室　201101　www.ewen.co
印　　刷：三河市嵩川印刷有限公司
开　　本：880 × 1230　1/32
印　　张：8
字　　数：201 千
印　　次：2022 年 9 月第 1 版　2024 年 3 月第 2 次印刷
I S B N：978-7-5321-8439-2
定　　价：46.00 元

告读者：如发现本书有质量问题请与印刷厂质量科联系　T：13932608211

# 总说

对日记文学真正发生兴趣，是在2018年10月的某一天，偶然发现了毕槐写于清道光十六年的《公车日记》。以前曾读过《日记四种》，即黄庭坚的《宜州家乘》、陆游的《入蜀记》、袁中道的《游居杮录》和叶绍袁的《甲行日注》。印象深的是《甲行日注》，尽管《入蜀记》名气更大，感动我的是叶绍袁。当初，我是不拿它当日记读的，因为受感动的是这部日记的本事，以及它深沉瑰丽浸透血泪的文字。为此，我还几乎读了全部的《午梦堂集》。

日后才知道，日记这种文体也是文学，一种最真实大胆没有掩饰的文学，尤其是在读过《公车日记》之后。

毕槐是名不见经传的清道光间的一位落魄举人。他写的《公车日记》和《甲行日注》一样，具备纪实文学性质，主题非常深刻，而文字老辣也不遑多让。

之后，我拓展着阅读了一些日记名著，诸如欧阳修的《于役志》，范成大的《吴船录》《骖鸾录》，郭畀的《客杭日记》，林则徐的《林则徐日记》，以及俞樾的《闽行日记》等，兴趣愈加浓厚。再之后，读了母中华的《宋代日记研究》（四川大学硕士学位论文，打印稿本）和日记文学研究专家、被称为中国日记史研究第一人的陈左高先生的《历代日记丛谈》和《中国日记史略》

两书。

又是一个偶然，从陈先生《中国日记史略》书后开列的参考书目中，意外地发现了两位桐乡先贤的三种日记，这就是收入本书的陆以湉的《北行日记》《楚游录》和岳和声的《后骖鸾录》。

这之后，经过千难万难的寻觅，终于将这三种日记陆续搜罗到手。连同《公车日记》，桐乡古代作家的日记文学作品，到目前为止，发现的仅有这么四种。

让我意想不到的是，非常巧合，这四种日记都是有关科举的，而且四部日记差不多形成一个小小的系列，合起来将科举的各个阶段、各个层面都有涉及，从而揭示了中国一千二百年科举制度（从隋朝算起）的深刻内涵。具体一点说，《公车日记》和《北行日记》说的是科举路上的艰难和失意，《后骖鸾录》是能吏成功的官场人生，《楚游录》呢，则是放弃仕途之后呈现的不彻底的超越。

读者诸君行将读到的《三贤日记四种》，是三种不同版本的日记。《后骖鸾录》是刊本，《公车日记》是刻本，《北行日记》和《楚游录》则是钞本。《后骖鸾录》虽是刊本，也仅见于清汪森于康熙四十四年编辑刊刻的《粤西丛载》一书。值得在此一提的是，《粤西丛载》的主编汪森竟然也是桐乡人。汪森是与朱彝尊一起编选《词综》的浙西派词人，他在康熙三十二年（1693）出任广西桂林府通判；他是在康熙三十八年（1699）邀摄桂林府后，特辑这部卷帙浩繁的《粤西丛载》的。《粤西丛载》，三十卷，辑录了广西历代的社会、经济、文化各方面的文字数据，特别收录了一些不易见到的极有价值的日记史料，如黄福的《奉使安南水程日记》，田汝成的《桂林行》，再就是《后骖鸾录》。《粤西丛载》差不多已经绝版，能寻觅到纯属偶然。《公车日记》是作者的嗣孙毕醇甫于清宣统二年刊刻的，印数极为有限，我发现的是毕氏后人的复印本。《北行日记》和《楚游录》为钞本，孤本，是陆以湉门生钱百熙的手录，它深藏于前合众图书馆（一家由张元济等人合办的私人图书馆），寻觅之难，可以想见。所以，在此要特别感谢好友周建新先生，若没有他辗转请托，几经周折，是根本办不成此事的。

这四种日记可以说价值非凡。四种日记三种风格，恰如山阴道上，一路的风景风情，风俗风物，敷华掞藻，美不胜收。点校者在捧读之余，想到了要公诸同好，于是经过大约半年多时间断断续续的努力，终于将之点校笺注出来了。现在，总算了却了一桩心事，一瓣心香奉献于读者诸君面前，愿你能够喜爱。诗曰：

中国科场千百年，隋兴清废未枯蔫。
号称取士唯真法，实为入门一块砖。
及第能官良在是，落星英彦万千千。
长安新贵鼎鼎有，泰半勋名免册传。

2020.10.9

# 总目录

CONTENTS

毕槐日记一种

# 公车日记

前 言

# 清代科举和毕槐的《公车日记》

我国古代的科举制度草创于隋朝，经唐宋元明各朝越来越完善，到清代走向没落，其弊端也日趋严重。这种弊端的现实呈现主要是科场舞弊：贿买、夹带、代考等等层出不穷。尽管采取了糊名、誊录、锁院等措施，但科场作弊还是屡禁不止，而且变本加厉，愈演愈烈。有清一代最严重最惨烈影响最大的一次科场案，是顺治十四年（1657）的丁酉南闱科场舞弊案，其结果，南闱十六房主考全部斩立决，数十人被判死刑或流放尚阳堡宁古塔。天分特高、惊才绝艳的著名诗人，被吴伟业誉为“江左三凤凰”中一凤的吴江才子吴兆骞，也受到牵连，负屈流放宁古塔，后经好友顾贞观、纳兰性德及徐乾学、徐元文、明珠等人多方营救，才在二十四年之后被赦归，但只三年便卒于纳兰性德府。

科举制度更为严重的弊端是对广大知识分子灵魂的蛀蚀。从制度本身说，科举在程序上似乎是一种相对公开、公平、公正的取士办法，它不论出身，不讲门第，只要考中便能“一登龙门，身价百倍”，对广大的读书人，尤其对那些寒门子弟具有极大的吸引力。于是读书做官成了唯一的目标，成千上万的人都挤在了这一条狭窄的路上。由于科考的难度和名额的限制，绝大多数人注定不能进身，从而造成了数不清的人科场失意，乃至抱恨终天。

清代科考的难度，一是体现在繁复。它分两个阶段。第一阶段是科举的初步阶段，或叫准备阶段。这一阶段有三种考试，一种叫童试，一种叫岁试，一种叫科试。

童试，就是童生经过县一级的考试选拔，再到督学考试，合格后便成为“秀才”。这是起步的一考，又叫“小考”。实际上这一考也不很容易，多有连这一考都通不过的。所以民间有“老童生”一说，就是指那些屡考不中的童生。

秀才每年得考一次，叫岁试；每三年大考一次，叫科试。只有科试合格，才算取得参加正式科考的资格。但是这一关也有许多人过不了。后来朝廷格外开恩，说可以补考，在乡试前夕进行，叫“录遗”，意思是选录遗留的人才，录遗合格同样可以参加乡试。

第二阶段是科举的正式考试，分乡试、会试和殿试三级。

乡试，每三年在省城举行一次，又叫“大比”，考中的称为举人，又叫孝廉。举人已经具备做官的资格，可以到礼部注册，也就是所谓“通籍”。通籍只是候补，到能正式做官还有很远的路径，有的甚至一生都等不到，所以还得去会试考进士。

但考举人又谈何容易？浙江算是科举大省，浙闱号舍共计一万二千零三十间，每科全省应试人数，多则一万二千余人，少则也有近一万人，而中央分配的名额，平均“准其每举一名，录送八十名”，也就是限录比例为八十比一，以一万应举人数算，才八百二十五名。何况有些年份的定额非常少，比如康熙三十五年（1696）丙子科，定额只有五十四名，虽然后来又追加十七名，也才七十一名。这样，录取比例就更低了。

会试，是乡试之后的第二年春天，在礼部举行的考试。届时全国各地的举子纷纷上京应试，如果中式就是贡士。贡士还要参加复试，合格后称为进士。进士名额每年大概在三百名左右。进士中的前十名，有资格参加皇帝亲自主持的考试，这就是殿试。殿试分三甲录取，第一甲赐进士及第，录取一、二、三名，即状元、榜眼、探花，合称三鼎甲。二甲若干名，赐进士出身，第一名称

传胪。三甲若干名，赐同进士出身。状元授翰林院修撰，榜眼、探花授翰林院编修，其余进士还得参加朝考，选擅长文学、书法的为庶吉士，其余分别授主事、知县等职。这样，经过层层考试，最终能获取功名的已属少数。

清代科考的第二大难度，是试题的广度和深度。清代的试题主要是八股文，题目从四书五经里出，诠释以程朱学派的批注为准，还旁及政治、经济、文化、吏治等各个方面。而且每科试题不会重复，试官也使出浑身解数，出一些新奇的题目，甚至出一些怪题、刁题。比如把完整的句子截头去尾，或者将几句内容互不关联的话凑在一起，将本来不当连的地方连起来。个别试官还因此受到朝廷的惩罚。比如咸丰十七年（1867）俞樾督学中州，出题割裂经文："家将亡必有妖""弥子妻与子路""苟七为无本七"等等，因而遭到落职。

即便是正规出题，要答好也是很不容易的。以道光十五年（1835）乙未科浙江乡试的三场为例，第一场，首题："不知命无以为君子，不知礼无以立也"；次题："博厚则高明，博厚所以载物也，高明所以覆物也"；三题："《书》曰天降下民，作之君，作之师，惟曰其助上帝"；诗题："'满山寒叶雨声来'得'秋'字八韵"。第二场，《易》题："兑正秋也，万物之所说也"；《书》题："肇十有二州，封十有二山"；诗题："中田有卢，疆有瓜"；《春秋》题："郑伯以璧假许田，桓公元年"；《礼记》题："蛾子时述之"。第三场是策题，共有"五问"，每问中又有五六个、七八个甚至十几个分问题，涉及《论语》《尚书》《尔雅》《易》《礼》《乐》《诗》《周礼》《周官》《仪礼》《孝经》《史记》《世说》《汉书》《后汉书》《汉书·艺文志》《唐·艺文志》《经籍志》《地理志》《齐书》《北齐书》《隋书》《晋书》《宋书》《辽史》《周书》《虞书》《尚书考功簿》《考功状绩簿》等等典籍。其中有的题，偏得让人匪夷所思，比如："搜田之礼，

《诗·车攻》注与《穀梁传》文小异，何不见于周官欤？简阅之时，《汉书·刑法志》与何休说何以不同？汉都试之期，或谓在十月，或谓在立秋，或谓在八月，而《东京赋》又称仲冬大阅，何欤？”等等，让人根本无从准备起，其难度可想而知；要想中式，其难度也可想而知。

因为题难，就试图走快捷方式猜题，又由猜题滋生起迷信。海宁陈其元在《庸闲斋笔记》中就记载了这样一件事：“……至咸丰辛亥科乡试，同官陈星垞二子丙曾、诵曾，兄弟同掇高魁，其文皆取法尤、王，于是都中盛传星垞于元旦梦文昌神，告以今年闱艺宜学西堂、农山，因此得隽。祁春圃相国以问贡荆山方伯，缘星垞次子右曾馆于其家也，右曾驰书归讯其父，星垞持以告余，并笑曰：‘君今为文昌矣。’盖上一年都门寄来拟题若干，内有‘可使有勇’二句，丙曾谓余：‘此文自王农山后，无人能继作者。’余因取少时所作题文示之，丙曾叹为惊才绝艳，倾倒万状。余谓是饾饤之学，壮夫不为。丙曾乞其去，呈之星垞，星垞谓：‘此调不弹已久，乡试可以必荐，而不能保其必售。初学偶学之亦无不可。’于是丙曾弟兄皆学为之，而时时请业于余。余初尚为改削，久而益厌，不复过问。比入试，而题系‘必也射乎’三句，适可用尤、王腔调，弟兄遂皆中式，并无所谓文昌示梦也。”“丙曾兄弟既同捷，于是浙省人士竞揣摩声调之学，书肆遂取农山、西堂二公文稿重雕之，为尤、王合刻，风行一时。都中论文者以为败坏风气，龙编修元禧尤恶之。壬子会试，龙适与分校之役，搜得一文情浓艳之卷，示人曰：‘此必陈氏兄弟也。’亟横抹而黜之。丙曾顾为清微淡远之作，又得中式。比填榜，龙见陈丙曾名，大骇，取其卷读之，复大惊。”

这件事说明，文昌神是没有的，猜题加智慧再加运气，偶尔考中是有可能的。不过这事反过来更可以说明，科考要成功的确相当繁难。就拿亲历这件事的陈其元来说，他出身海宁世家，祖

上从明季至清咸同间，举贡进士二百多人，官至宰相三人，尚书、侍郎、巡抚、布政使十一人。自弘文院大学士陈之遴之后，礼部尚书陈诜，文渊阁大学士陈世倌、陈元龙，衣冠鹊起，位极人臣。但是他们的孙辈陈其元，“自道光八年戊子科起，至咸丰五年乙卯科止，乡试十五次，前后居矮屋中计一百三十五日”，最终还是名落孙山。

总之，科举考试真的不好说，考了一辈子都考不上的人绝非少数，而是多数。比如，明末四公子之一的冒襄，文名冠于一时，但是他也未能中举，仅考了个副车，也就是副榜贡生。有一个名叫沈锡田的秀才在数次落第后作了一首《陌上桑》，其中有这样的句子：“传来一纸魂销，顷刻秋风过了。”“愧刘蕡策短，江淹才退，五度春衫泪。绕桂魄年年，只恐嫦娥渐老。”也只好徒唤奈何奈何了。

不仅落第者对科举会怨恨、诅咒，即便中了举、中了进士的，也不见得有多少好感，相反，他们从自己的角度，呶呶不休地抱怨、谴责甚至控诉。以我们地区地域相近的三人参加科考的三种境遇为例，来看看科举考试对人的摧残究竟有多深！他们是，海宁路仲的管庭芬，桐乡屠甸的毕面山和桐乡乌镇的陆以湉。

管庭芬自道光元年（1821）二十五岁首次参加乡试，到咸丰二年（1852）五十六岁参加最后一次乡试，历时三十二年，却始终未售，而以诸生了此一生。其实他在未参加科考前，对科举是有比较清醒的认识的。他说：“读书所以长见识，若徒博科名，死于章句下，不知古今理乱为何物，亦属可怜。”可是不知为什么，一入彀中，他整个人便浑掉了。他首次参加乡试是道光元年（1821）辛巳登极恩科，三场毕后，在号壁上兴奋地题诗一首，其中颔联、颈联这样写道：“万丈文光腾矮屋，一天星斗绕崇楼。漏长华烛频摇影，运到朱衣或点头。”一副踌躇满志的意态，可以见出他是何等的信心满满。

但是此后一科不如一科，信心也一点一点地流失了。道光十二年（1832）壬辰补行正科，首场考试之后就有些灰心丧气，在日记中说自己“非投时之器”。道光十四年（1834）甲午科，首场之后口占一律，其颔联、颈联说：“年年忙底事，一笑又秋闱。笔墨知无补，蛟龙或肯飞。”还抱有侥幸心理。咸丰元年（1851）辛亥恩科落第后“心殊郁郁”，口占一律云：“郁郁哀怀枉自怜，衰残何必问青天。丰年不饱同方朔，壮岁工愁托杜鹃。功业已虚歌剩铗，韶光易迈箭离弦。长安鼎鼎多新贵，大半勋名兔册传。”已如泄气的皮球。直待参加最后一次的咸丰二年（1852）壬子科乡试，落第后作《咏凌霄花》一绝，只剩下自嘲了：“露华烂漫散林条，得气虽高志亦骄。到底要凭牵引力，未能孤立即凌霄。”与此同时，他又抱怨试官没有眼光，说同邑中式者周士清“其才品无所取”。叹息自己受经济条件的制约，雇不起好的誊录手，有门斗以落卷来归，主考评云：“于题义未能切实发挥，而誊录者首场字迹恶劣，且脱误十余字，二、三场皆任意草书，不能句读。阅之痛心。”于是感叹道：“钱神当道，寒士不可言功名矣。”

其实，管庭芬是个很有学问的人。王充在《论衡》中说：“贤不贤，才也；遇不遇，时也。”就像明末的著名文学家张岱，尽管满肚子学问，也是久困场屋，而以一青衿终了一生。管庭芬是清代有名的学者、画家，尤精于鉴赏、校勘。他一生最有影响的活动是校抄古籍，是清代浙江著名的藏书家和校勘家。他不获科名，也许反而成就了他的学术事业。他著有《芷湘吟稿》等著作数十种，编辑有《花近楼丛书》等数种。尤其他长达一百三十万字的《管庭芬日记》，记事起于嘉庆二年（1797），止于同治四年（1865），前后共计六十九年。这在他那个时代已经达到了非常完整的程度，是现存古人日记中十分罕见的。管庭芬生活的道光、咸丰、同治时期，正是中国内外交困的年代，内有太平天国起义，外有英法等西方列强的侵略，这些都在《日记》中有详细

的记载。《日记》还记载了当时的农村、农业、气候、水利等情况，这些对研究那个时代的社会，无疑都是值得注意的史料。《日记》最突出的一点就是对科举和科举考试的详细记载。由于管庭芬屡战屡败、屡败屡战，所以，他对科举考试有非常深刻的认识和感受，《日记》也成了一部研究封建科举制度非常珍贵的资料。

陆以湉是中举又中进士的士人，按理他应当对科举抱有相当的好感，然而竟然没有。非但没有，反而也有许多的抱怨。陆以湉于道光十二年（1832）壬辰补行正科乡试中了举，又于道光十六年（1836）丙申科会试中了进士，并以知县分发湖北。到省数月后，以其父虑仕途险巇，时有忧色，即承父志改官教职，先后为台郡、杭州等处教授。他在其笔记《冷卢杂识》中，以亲身经历和所见所闻，对清代科举的弊病和罪恶作了大量的记录和披露。比如，有一则《场屋中的避讳字》说："场屋中用避讳字，往往被黜。嘉庆丁丑，孔梧乡学博卷已入额，旋因诗中'圣化'二字见槟，以死亦言化也。嘉善陆孝廉浚，工制艺。道光癸巳春闱，首艺识者决其必售，陆亦自谓文可夺命矣。榜发，竟被放。比阅落卷，则主司已填中式名次，复涂去，以次艺用'骞崩'二字也。捧卷大哭，目尽肿，寻得病，卒于都中……"另一则说科场的命途多舛、不可预料，叫《戴孝廉诗》："杭州戴孝廉兆元工诗，嘉庆戊辰会试，诗题'天临海境'，友人某以病倩戴代作，诗起联云'善纳真如海，能容即是天。'以是获售。而戴竟不第，坎壈终其身。"又一则是说誊录的，题目就叫《誊录》："浙人乡试，每以金贻誊录手之善书者，潜递关节，属其誊卷朱色鲜明，字画光整，易动阅者之目。亦有已获科名者，贪得厚利，冒应是役，甚至私携墨笔，点窜试文，中隽则可得重酬。……道光丙午秋试，士子一万一千余人，其不购誊录者只三千余卷，仅得售三人。盖以字迹潦草，校文者以辨识为苦，辄屏弃不观也。……"如此种种，那些想从举业中谋求出路的穷书生，往往久困名场，刻苦成疾，即使最后博得功名，仍以悲剧谢幕。比如一则叫《张孝廉》的："嘉兴平湖张孝廉昌衢，英才卓荦，人皆以大器目之。嘉庆丙子，秋试中式，揭晓后，数日即卒。一月间，连丧子女，妻亦自缢以殉，惟一老母存焉。其同年平湖高孝廉一谔恸以诗曰：'仙才合守旧青毡，蕊榜生平欠宿缘。怪尔文光腾万丈，一时冲破玉楼天。''连理枝开顷刻花，伤心最是折兰芽。独抛白发灯前坐，地下依然聚一家。'令人不忍卒读。"而其终生不售者，更是"故鬼未还新鬼续，怜人犹自恋长安。"

当然，陆以湉的抱怨乃至揭露科举罪恶，和管庭芬这样的终身未售者在感受程度上是不同的。陆以湉因为中道改官从教，潜心研究学问，成就了他后半生的学术事业，有著作《苏卢偶笔》等数十种；其在医学上也有突出的建树，有《续名医类案》十五卷传世。

说过管、陆二位，这就说到毕面山和他的《公车日记》了。毕面山，名槐，面山是他的字，浙江桐乡屠甸（石泾）镇人，生于清乾隆四十九年（1784）。他和管庭芬是知己好友，他生活的屠甸镇和管庭芬生活的路仲镇虽属两个县，但相距不过十五六里地，所以两人时相往还。我们从《管庭芬日记》知道，毕槐在道光十五年（1835）乙未皇太后万寿恩科乡试中式前，曾参加过三次乡试。第一次是道光八年（1828），《管庭芬日记》八月初三："晨阴，散步白沙堤及昭庆律寺，复于马王庙晤石泾面山兄。"第二次是道光十二年（1832），《管庭芬日记》八月十三："午刻入场坐西光二十号。……晚欣遇桐乡张竹髯及面山，一则千里神交，一则频年阔别，各诉积忱，亦颇畅快。"第三次是道光十四年（1834），《管庭芬日记》八月初八："晨于贡院内幸晤桐乡张竹髯、毕面山二知己，略谈片刻。"以此可见，毕槐参加乡试至少三次不中，到道光十五年第四次乡试，才终于成功。对此，《管庭芬日记》也有记载，九月十三："揭晓，余虽康了依然，

而吾宁得捷五人，石泾好友毕君面山亦报捷，为之启颜。”可以想见，这让毕槐免不了有些得意，尽管这一年，他已经五十一岁了。（后来，他在《七十初度述怀律》中还回忆说：“三千道路心才壮，五十功名兴未阑。”）于是他再接再厉，于次年即道光十六年（1836）丙申恩科入京会试，却是铩而归。两年后，道光十八年（1838）戊戌科他再度上京会考，依然名落孙山。又过了六年，道光二十四年（1844）他三上春官，还是不售，这才彻底灰心，从此绝了功名这条路。

《公车日记》是毕槐首次上京会试的真实记录，是我看到过的唯一一部正面叙述会试全过程的实录，也是让人真正深刻领受到封建科考本质的一部不可多得的纪实文学作品。如此正面具体地描述科举考试，比起《儒林外史》《聊斋志异》等小说的侧面讽刺，更是让人惊心动魄。全书二万余字，一路读下来，不由人脊梁骨一阵阵发冷，心灵不时受到重重的击打，延续数千年的封建科考制度实在是太可怕了！

《公车日记》的写作，在作者，并非为了著之竹帛，而是给自己留一个纪念，给子孙存一份自供，恐怕也含有为鉴为戒的意思，所以只是手稿。直到七十二年之后，他的孙子毕醰甫才决定与另两部诗集（一部是毕槐的，一部是毕槐父亲毕春帆的）一同刊刻，总称之为“桐乡毕氏遗著（三卷）”，目的也只是“以绵手泽”。所以它的突出特点是真实性，无一笔虚假。

《公车日记》全书大致可分为四个部分：一是离家赴京，“记入京途中游览之地”；二是到京之后与同年、座师的交往及三场考试；三是在等待发榜的间隙去山海关，看望在那里做幕僚的叔父，并游览山海关景色；四是从山海关返京候榜，最终铩羽而归。

这四个部分，重点当属第二、第四两部分，而三场考试又是重点中的重点。至于第一、第三两部分，也不纯粹是游记文字，因为背后始终被会试一事紧紧地揪着，身虽在游览，心却时时流露出一种不宁的焦虑和惆怅。

《公车日记》的主题，当然是揭露科举的残酷和对举子的精神摧残，但却是以正面描述来实现，尤其是那三场考试。

三月初九日是第一场考试。“五更初醒，题纸已到”，面对三个题目，“余未之能兴。天既明，乃起而磨墨拈毫。余平时文机亦颇清利，此时不知何故，苦涩异常。且天气骤热，胸膈烦闷，心思因而昏瞀。至暮，三草虽全，文气全无生趣。以是知火候不到十二分，终不能得心应手，而功名之难易，有非人力所能强致者。”一副灰心丧气的意态，跃然纸上。

第二场是三月十二日，又是三题。对这三题看来大体还算有些把握，“草草动笔，申未已缮四篇。”

三天后的三月十五日，是第三场。这一场考“策五道：经义、史学、文体、训练、守令。自揆空疏，不能条对，依问敷衍而已。”加上“身热倍甚，头重目眩，困惫异常，遂于午后草草了事……”可以见出，毕槐对这次会试已不抱什么希望了，那一种落寞、颓唐的心情，直从字里行间流露出来。

其实，他从一踏上会试的征程，心里就有可能落第的担心。二月二十三日，在苏州山塘，弟弟漱山为他送行，他口占一首七律，其中的颔联说：“兄弟谁言分手易，功名已抱后人羞。”“功名已抱后人羞”，就是这种担心的真实流露。后来，他趁等发榜的间隙去山海关探望叔父，于四月初一游览山海关时，眺望近城诸山，“回顾城垣，萦山带海，想见古人立功边徼，侯封万里，名震四裔者，无不出入于其间。余以一书生游览及此，绝无建拔，百世后，谁复知余在此流连者，念羊太傅岘山之言，不禁感慨系之。”这一方面反映他渴求功名成就，实现“学成文武艺，货与帝王家”的抱负，另一方面也反衬出他对落第的一种担忧和恐惧。直到他从山海关回京，得知礼部已发榜百余名，同乡的陆定圃（即陆以湉）获五十四名，而自己显然已经名落孙山时，就只有无可

奈何的悲叹分儿了。他说："定圃余向所钦服，今果获隽，可知文有定价，若余才疏学浅，宜在孙山之列焉。"说虽这么说，心里难免会有些不平之气。他说："余虽不以为屈，然莲池闻江上锣声，名心尚欲一动，余局中人也，能无青云羡鸟飞乎！"到底还是耿耿于怀，心有不甘。就像张岱说的，"名根一点，坚固如佛家舍利，劫火猛烈，犹烧之不失。"

六月初十他回家后，曾给管庭芬一信，信中那一种恶劣的心情依然十分浓烈。《管庭芬日记》六月十五日："是日悉毕面山孝廉返自都门，来书云：'小别半年，时殷葭溯。比稔福履康和，吟怀畅适，定符心颂。弟驰驱数千里，仍然毰毸而归。自四月十八出都门，五月十六返舍，风尘历落，跋涉为劳，入宝山而空手回来，无一善状可为知己告。唯幸羸躯顽健而舍下亦叨芘顽安，得失之感，尚可置之度外耳。本拟南诣尊斋，快谈积愫，天气炎歊，未敢作襏襫客，谨先修函，肃候迩祺，余俟秋凉面罄一切。伏希霁照不宣。初十日。'"

其实历朝应考的士子落第多多，这从发而为诗可以见出。落第诗唐朝极多，清代也屡见不鲜，比如："也应有泪流知己，只觉无颜对俗人。""愁看童仆凄凉色，怕读亲朋慰藉书。"比如："亲朋共怅登程日，乡里先传下第名。""乡连南渡思菰米，泪滴东风避杏花。"也有看得开的，比如："不第远归来，妻子色不喜。黄犬恰有情，当门卧摇尾。""枉坐公车行万里，譬如闲看华山来。"

但是毕槐想不开。十九年之后的咸丰五年（1855），毕槐已是七十二岁的老人了，他在为《公车日记》写跋时，回首往事，仍念念不忘说："第念余一介寒儒于都门无一相识……后至甲辰，三入礼闱，仍然铩羽，终不获一命以为宗族光，深负叔父昔年滋培之至意。回溯山海关之晤，竟成永诀，而余亦白发飘萧，颓然老矣！披阅此卷，不禁哀泪栖睫焉。"可以说，因科举而带来的痛苦、怨恨贯穿了毕槐一生。

《公车日记》不只是一部日记，同时又是一部文学作品。作者是一位举人，又三上春官，所以他的文学功底不容小觑；又因为屡荐不受，所以文字饱和着凄楚哀怨，一情一节皆自心中流出，能动人肺腑。即便写在贡院号中吃酒，表面轻松，实际那一种彷徨、孤独、落寞的沉重况味直从文字的背面逼露出来：“午中，点名已毕，即封号门。号中无一本省人，惟广东同年陈壮猷连号，语多可通。去后闲坐半天，取壶中所带绍兴酒独酌。饮毕，有魏姓号军乞赐余沥，瓶已罄矣。”再比如写他去拜谒乡试时的主考张桐厢：“巳初乃得躬谒桐厢座师于刑部街邸。蒙虚怀接纳，问及年岁，并云发榜何迟，有咨嗟太息之意。余亦不胜惭愧而退。”那一种羞愧、张皇，历历如在目前。

他的记游写景文字也有独到之处。比如他写去山海关途中，“出见万壑千岩，目不暇给，虽童山无草木点缀，然天骨开张，别擅幽峭。譬如豪杰之士，绝无依傍，而俊伟不凡之慨，自有不可磨灭者。山坡最高之处，望见东南巨海，汪洋远混天碧，西日照之，雪浪汹涌。”这是写景，“天骨”“豪杰”等比喻，别出心裁，又别有寄托。又比如前面提到他写游览山海关，面对万壑千山缭绕于长城左右，想起晋代羊祜羊太傅岘山所说的话，引起的一段感慨等等，无不与科举考试紧紧地系连着。

此外，《公车日记》还写到了科举考试的成本。使我们第一次知道参加会试要有这么多财力的支撑——单单盘缠，车费、船费、食宿费，就是一笔不小的开支。毕槐从浙江屠甸镇上路是农历正月十四日，到北京已是二月二十日，路上走了三十六天；在北京住店到考完去山海关是三月十八日，共二十八天；在山海关逗留至四月初二日，十三天；四月初三日离山海关返京，到四月十八日离京又是二十天；离京后回家，从他回家后给管庭芬的信中得知，到家是五月十六日，二十八天。连来带去，总计为一百二十五天，合四个月零五天，这笔盘缠开销该要多少银子？

再，在京期间，与同年的交往酬酢，拜客、答谢、酒会、同饭、看戏听曲，又得多少银子？更有去拜见座师、候补训导、刑部主政、观察，又是一笔不小的开支。另外，每每进入一座城市，要受该城市守军的勒索，当时叫作“需索”。尤其进北京城，“城卒之需索甚于永定河，公车中任其倾箱倒簏，必饱其欲而后已。余亦花钱二百八十文。”从山海关返京入城，“门者勒索备至，纷争两时许，付以钱一千五百文，而后得入。”这方方面面的开销，一次上京会试得要多少银子啊！

鲁迅先生评论《红楼梦》说是“悲凉之雾，遍被华林”。我可以仿照来说《公车日记》，是“悲凉之雾，遍被儒林”。这就是我读《公车日记》总的感受。

《公车日记》是记录封建科考的一个个案，是描述封建科考细部的一部难得的佳作，是广大读者，尤其青年读者认识封建科举制度的一本具体生动的教科书，更是一部值得向读者推荐的优秀的纪实文学作品。

# 目录

## 正文



## 副文



## 附录

# 正月

丙申[1]春正月十四日诹吉[2]入都。是夜，将挈璩儿先至禾郡，与漱山、少珊两弟同行。蒙诸友戚重诣敝庐，殷殷握别。余口占四绝，以志谢云：

离筵谁与遣愁魔，剩有《骊驹》[3]次第歌。
忘却宾朋是相送，一堂翻喜故人多。

检点衣装及此辰，男儿何敢惜风尘。
怪他都作安心语，知我高堂有老亲。

灯光聚处水波红，携手河梁句未工。
可惜无人作图画，半窗明月一帆风。

人方北向雁南翔，屈指三千里路长。
此后相思如有梦，莫将离绪到他乡。

解缆后，月色波光，辉映枕席。抵禾已交五鼓。

十五日，晨起，天宇清朗，漱山已启户相待。即雇轿至城一行，拜沈筤溪与章味琴年伯，相值。遂诣府署及嘉、秀两县辞别，适遇陈怡园昌燕于西咸桥北首，即过俞云幕家。同年中，首与云幕相晤，喜甚。夜同潄山就鸥巢晚饭，邻有烟火戏，琭儿出观之，乐甚。回至迎福堂，遣琭儿回家，予宿潄山楼下。

十六日，早饭后走约鸥巢，至潄山处相会，遂至嘉兴仓略观廒仓[4]而退。夜间，潄山招亲朋相饯，同席者沈篔溪、沈淡泉、沈月舟、金星湖、叶子山。饮未半，鸥巢、少珊偕来，继而云幕至。拇战纷纷，余畏而退，诸君至三更乃别去。予与少珊同宿梅长年舟中。

十七日，潄山欲同至吴门，以事留滞。午后与少珊至许仙仲店饮绍兴酒，甚佳。归遇鸥巢，谈至二鼓而别。

十八日，天更晴好，鸥巢重来送别。潄山已他出，未果。午后与鸥巢、少珊闲步，复过许酒店小饮，又同游天尊阁。夜饭后，潄山回家，遂决意登舟，至宣公桥东码头，谯鼓已交一鼓。时有夜警，仍停舟。

十九日，东北风甚劲，榜人破晓启行。予与潄山、少珊睡至红日满窗乃起身，抵长虹桥早饭。潄山诣华正泰绸行，觅金松庵。少珊拜金倍之于源亨典。予独放舟至铁店桥候吴卓山，于九芝堂药肆遇陶兰墅，将去岁嘱题之团扇交去。卓山同舟至长虹桥，并邀潄山叙于同福园，后到奎叙楼小酌。少珊因金倍之在舟答拜，不及同饮。回舟坐未定，忽闻兰花香透出窗缝，盖邻舟有小妇能吸鸦片烟也。卓山别后，舟抵平望，日已薄暮。因忆亡兄三桥向寓此地，余以吴中往来，屡同诣候翁海村、叶改吟诸公，今二老岿然，兄逝已两载，曷胜断雁[5]之悲！是晚泊莺脰湖畔。潄山诣城隍庙拈香，遂同至小九华。湖中风浪大作，骇叹而归。

二十日，天无片云，南风掀舟，扬帆而北，至吴江城外城隍庙前。潄山登岸拈香，遇宁波奉化县己卯科举人周奕轩名宏嗣，邀至舟中午饮。抵吴门，泊船北水衖口，奕轩别去。潄山至三板桥陆筠、严子谦家。余偕少珊候顾璞亭于仓桥桐石山房，不遇。余独至摆渡口冯栖云处，薄暮乃归。夜饭后又偕少珊诣璞亭，仍

不遇而返。

二十一日，天微阴，东风甚大。璞亭持沈晓沧明府赆仪(6)来，遂俱至面馆，并饮茶于鸣凤楼。漱山有寒疾，最后至。余往桐溪滨，道遇陈立斋，遂偕至伊家，因晤嘉定王云士、陈小莲两西席。归后，璞亭又来同酌，仍至茶楼，适立斋来答，饮茶而去。天暮，忽雨，嗣闻雪珠打篷窗作碎玉声。上日甚暖，至今日，舟中人各有寒色。

二十二日，天仍阴。晨至璞亭寓作别，立斋着人来邀余兄弟至泰源馆观剧，同席者王云士、陈小莲、余兄弟三人，立斋之二子二孙亦在座。戏未半，鸥巢自禾寄银函(7)来，余付收条讫，仍回馆中，与立斋诸君归饮。漏初下，天微雪，急还舟次，检点行装，为明晨长行计。

二十三日，微阳开曙，漱山已雇舟在旁。时闻阊门外开河得炮一具，遂独行至接官亭观之。长约七尺有余，上弇下侈(8)，中间隆起如脊，旁有两圆角，上下络以带纹者三。举之，尽数人力不能胜。惜无款识，一面有刻凿痕，盖在河中久为铁篙所攒刺故也。早饭后舟子解缆，漱山送至山塘。余口占七律赠之云：

讲堂不暇共清游，一幅云帆动客愁。
兄弟谁言分手易，功名已抱后人羞。
纵能远送终须别，好促归装莫更留。[1]
知是武邱西去路，此心偏与水东流。

注：[1] 漱山时有所恋，余故屡促其行。

时遇顺风，申刻出浒关，暮至南望亭，停泊。

二十四日，舟子于余梦中开船。起见塔尖隐现于云树间，知近无锡矣。得五律一首云：

梦随晓云散，船缆带风牵。

塔影就初旭，山光浮远天。
短衣提瓮妇，纤竹罱泥船。
调水空怀旧，[1]茶烹第二泉。

注：[1]故人沈白山曾致惠泉水作茶会。

从者沽惠泉酒，与少珊共饮。晚泊常州西门外。

二十五日，霜花满板，日朗天晴。辰刻，舟次奔牛，买米作粥。午后抵吕城，与少珊登岸，步行十里至大王庙。登舟时岸高水涸，黄流如浆，野望间一片芜田，屋庐鲜少矣。又二十里至丹阳城。舟有杭人鲍寿章入城探亲，因与少珊行至嘉贤巷而回舟中。晚眺视，少珊诗云：

藉尔同兹役，篷窗话客情。
帆移高岸窄，山入远空平。
浊水茶难饮，深杯酒易倾。
故乡渺何处，望尽夕阳明。

是夜宿张官渡。

二十六日，日高风大，纤行至新丰小泊。由是而玉河，而丹徒，午后抵镇江。时水闸未开，遂与少珊登昭关山。临江眺望，天水澹涵，云涛渺沵(9)，颇有对此茫茫之感。因忆先君子小飘府君曾登金山，有“山色不随天地老，江声常带古今愁”及“六朝如梦一声钟”，皆为士人所脍炙。初不料数十年后，余小子亦登览及此。今两点金、焦分明在眼，而父兄皆不得见矣。得五律一首云：

丹壁耸无际，潮来山欲摇。
侧身小天地，俯首揖金焦。
蜃气(10)昏三岛，江声送六朝。

茫茫今古意，到此一魂消。

出口即附江船，渡江瞬息间至瓜洲。有诗云：

两点金焦隐碧峰，片帆尽力战蛟龙。
涛声疾走雷霆势，天影低垂日月容。
极浦微茫瓜步树，半林缥缈广陵钟。
此心不为风波慑，酬与江斐[11]酒满钟。

是夜泊光明寺前。

二十七日，舟子侵晓解缆，不崇朝，已抵扬州。时有小雨，不能登岸，作诗云：

一枝塔影袅中流，十里珠帘未上钩。
谁为传花行酒客，斜风细雨过扬州。
绿杨深护小红家，新曲应翻《翦靛花》[12]。
二十四桥明月路，更无人说玉钩斜。

午中雨止，遂由瓦湾头至瓦窑铺。是时东北风甚大，急溜如潮。纤夫不遗余力，而河面愈广，幸水中多泥埂，土人又多作高堆以杀水势，故舟行无害。柴塘间每以红木叉在水港口上覆泥柴为桥，亦江以南所未见也。向晚，到邵伯镇，榜人曰：“可以止矣。”乃停舟。

二十八日，天微阴，东北风更大。晓起，已抵邵伯河。自苏出关至无锡，渐觉风景各别，及到丹阳以北，则言语多所不通，除城市外，地广人稀，偶见榆柳数行，闻鸡犬数声，便作桃源、辋川[13]想。篷窗无聊，作诗寄故乡诸同人云：

故乡何处寄相思，远道绵绵去路迟。
别后白添霜两鬓，舟中绿尽柳千丝。
江山有助成新咏，文字无缘罕旧知。[1]
欲觅双鱼通尺素(14)，连宵早已梦魂驰。

注：[1] 自周奕轩别去，同年未见一人。

过露筋祠(15)，诗云：

古祠掩映绿杨津，欲为贞妃荐渚苹(16)。
一样灵风吹不尽，青溪寂寞小姑神。

至真武庙前，闻有八里松，偕少珊登岸观之。名为松，实古柏也，屈曲臃肿，偃蹇(17)离奇，想孔明庙中物，亦不过如是。出见杨河水闸，洪流倒泻，喷薄风雷，大足清人心目。又步行六七里至高邮官渡，乃登舟。诗云：

河流一曲绕孤城，客舫拈毫遣别情。
犹是春风杨柳岸，新词让与柳耆卿(18)。

北至马文湾，日已西坠。舟人急于趋程，又行十余里，泊舟六安沟。有诗云：

水转芦塘急似奔，几家茅屋不成村。
点波星闪孤灯影，系缆人寻老树根。
野店时听舂白粲(19)，邻舟相倚话黄昏。
远山欲睡添余景，写出倪迂(20)墨一痕。

二十九日，日射篷窗，披衣起坐，已至界首。西望高邮河，

白浪迷茫，不见涯涘。舟人买鲑[21]菜供朝飧。午抵汜水，登岸小步。得顺风舟行，甚驶不一二时，至刘家滨，已二十里矣。申初，系缆宝应城外，偕少珊入南门观览，城不甚高大，而雉堞完好，阛阓[22]间亦颇修整，信为北道要区。嗣从河干走至北门外，谒元君于碧霞宫。榜曰："天下第一名山。"然颓圮已多。是晚，以北去城镇尚远，遂宿于此。时见黑云突起东北隅，风尘蓬勃而至，停舟贴岸，亦与波浪相簸荡，窃幸收帆之早也。

## 【笺注】

（1）丙申：道光十六年（1836）。

（2）诹（zòu）吉：诹，问；诹吉，吉日。

（3）《骊驹》：逸诗篇名，告别的歌词。《汉书》卷十八《儒林传·王式传》："客歌'骊驹'，主人歌'客毋庸归'。"骊驹，黑马。

（4）廒仓：储藏粮食的处所。

（5）断雁：失群孤雁。宋蒋捷《虞美人·听雨》："壮年听雨客舟中，江阔云低，断雁叫西风。"

（6）赆（jìn）仪：临别时赠送给行人的路费、礼物。

（7）银函：封存道经或佛经的银盒子。南朝齐孔稚珪《玄馆茟》："朋白兔而侣青鸟，启银函而讲金字。"此处应为夹带银票的信函。

（8）上弇（yǎn）下侈：弇，狭窄；侈，大。

（9）渺洣（mǐ）：水势辽阔。

（10）蜃气：一种大气光学现象。光线经过不同密度的空气层后发生折射，使远处景物显现在半空中或地面上的奇异幻象。古人以为蜃吐气而成，故称蜃气。就是现在说的海市蜃楼。

（11）江斐（féi）：斐同妃，传说中的神女。晋左思《蜀都赋》："试水客，舣轻舟；娉江斐，与神游。"

（12）《蓟靛花》：民间曲调。

（13）桃源、辋川：桃源在湖南常德，风景秀丽，因晋陶潜《桃花源记》而著名；辋川在陕西蓝田，是一条风光秀丽的宽谷川道，是古代文人墨客心中的圣地，唐王维曾隐居于此。唐元稹《辋川》诗："世累为身累，闲忙不自由。殷勤辋川水，何事出山流。"

（14）双鱼通尺素：尺素，小幅的绢帛，古人多用以写信或文章。汉乐府《饮马长城窟行》："客从远方来，遗我双鲤鱼。呼儿烹鲤鱼，中有尺素书。"

（15）露筋祠：江苏高邮南三十里有贞女墓，古代游人多有题咏。据《高邮州志》载："唐时有一女子，不详其姓氏，或曰郑荷花，又曰萧氏，又曰金节娥，与嫂行郊外，日暮，嫂挽女投宿田舍，女不从，乃露坐草中。时秋蚊方殷，弱质不胜，嗣旦，血竭露筋而死，后人因号露筋女，为立祠以敬祀之。俗称仙女庙。"清岑霁《露筋祠》诗："沙草凄迷烟树昏，荒祠寂寞托贞魂。灵旗高卷秋风晚，惟有清淮照墓门。"

（16）荐渚苹：语出白居易《采石墓》（又名《李白墓》）诗："渚苹溪草犹堪荐，大雅遗风不可闻。"

（17）偃蹇：高耸。

（18）柳耆卿：即柳永。

（19）白粲：白米。

（20）倪迂：明代大画家倪瓒，因性情狷介，怪癖多，人称倪迂。

（21）鲑：河豚类鱼。

（22）阛阓：街市、街道。

# 二月

二月初一日，鸦鹊始鸣，舟已解缆，起坐推窗，知已到平桥汛矣。自高邮以北，两岸多植杨柳，民房都以芦柴编为门，墙上盖以茅，间有用砖瓦者，必其家不贫也。午后至淮安，舟人有事，系缆堤岸，仍与少珊小步。城中空地多而居民少，大半皆草屋土垣，城无完堵，四望雉堞显然，无一高房大屋足以蔽其所见矣。有诗吊淮阴侯云：

长淮水不啮[1]城根，列士曾缘国士尊。
一饭有时怜漂母，千金无处报王孙。
钓台恨不终垂饵，钟室冤谁雪覆盆。
抵死弗忘推解谊，分明史笔纪龙门。

返而登舟，遂宿于淮关上。

初二日，舟行至辰初，已抵清江浦。少珊先过黄河，至王家营与严春魁车行定轿车二辆，归即同至浦南修钟表。过清河县儒学，万仞宫墙，崇闳峻削，用红木作栅，栅门上盖以黄色箭[2]瓦。巽隅[3]卓立文昌阁，亦以蓝翠箭瓦为盖，陆离璀璨，光耀射人。内有薙[4]草人，出入得进棂星门[5]。钟鼓二架，簨簴斋皇[6]，雕琢玲珑，泮池架以三桥石亦精致。恭谒大成殿至圣十哲及两庑从祀诸贤，皆木主金书，旁有楹联云："博学审问，慎思明辨笃行修其天爵；君臣父子，夫妇昆弟朋友教以人伦。”明伦堂楹联云：“学以致道，致尧舜禹汤文武周公孔子之道；堂曰明伦，明君臣父子夫妇昆弟朋友之伦。”诸殿皆金碧辉煌，气象森肃，瞻拜间，不胜宗庙百官之慕。回至摆渡处，适城隍庙演剧，略观而退。是夜仍宿舟中。

初三日，收拾行囊雇小车至黄河上。河中浪静风湉[7]，行人安稳。至王家营，严春魁留食酒面，即登车。车行历落倾攲[8]无片刻安，兼以风扬沙尘扑人眉宇，不一时，对面几不相识。鲍寿章朝夕相侍。行三十里至俞沟，日未晡[9]，车夫不欲前行，遂以此投宿。硬饭一碗，菜肉四盆，少珊辈食不下咽，余强为一饱。柴床，板凳，幞被，就枕时西北风甚大，墙屋俱动。

初四日，三更起行，惊沙涨天，风声振野，行三十里至仲兴，天乍明，风稍和。又行六十里至仰化打尖。午后又行五十里至顺河停宿。余畏风，垂帘终日，不见一物；车行颠簸，异常坐卧，皆所不适。是日颇觉困惫，至晚税驾[10]，才得苏息。

初五日，四更套车，星光满野，风亦清和。睡梦中忽闻车行，声甚坚确，似有里许路者。从者曰，此名金山桥，俗称荷花桥，有一百五十三洞，下有数寸水旱地，所难过也。行五十里至新店打尖[11]。又行四十里至堰口，有河阔数丈，连以两桥架河上，至店才交正午。饭后无事，步至北道观剧两楔。是日早宿。

初六日，戴星而行。车驰十余里，天已大明。时风不动尘，下车步行二三里抵官河雇舟载车，骡则涉波而去。午至官河桥打尖。桥十一洞，水已半涸，土人皮衣入水网鱼，以为乐。又行四五里，忽见两山并列，绿杨掩映于城郭间，不觉心旷神怡。车从城河渡去，盈不濡轨，遂向邳州绕城而北，群峰杂沓，都在目前。得诗四绝云：

轻车容易载吟身，陆地绵绵策蹇[12]频。
羞见清流明似镜，旅颜曾未洗沙尘。

蘧庐[13]一宿罕勾留，百里平芜豁远眸。
记取绿杨城郭外，两山分翠入邳州。

车中小坐曲弯腰，铃铎摇风破寂寥。
一路峰峦能接引，不知乡思为谁消？

回首江南隔数程，此间仍似画中行。
好山何啻幽闲女，只耐人看不出声。

又《下相怀古》云：

八千子弟奋江东，百战依然气吐虹。
谋士有心撞玉斗，美人无意泣金骢[14]。
沐猴不立关中业，汗马终思垓下功。
能使沛公亲屈膝，鸿门一会足英雄。

《下邳怀古》云：

博浪椎[15]不畏秦锋，谁料神仙意外逢。
三世承恩图报复，一时纳履想从容。
运筹偶尔师黄石，辟谷何曾仰赤松。
却怪韩彭葅醢[16]后，娥姁[17]只续辟疆封。

午后南风大作，人行沙土中几不能张目，至晚稍息。是夜宿岔河大兴店中，菜肉数盘，皆可入口，同人为之一饱。

初七日，天气阴曀[18]。五更出店，星光数点明灭于林木之表，盖早行者之车灯在前也。天明后，视道旁有峄县卡房，知已入山东界矣。途中遇石桥数次，皆水涸见底。西北一带，山光如抹，忽隐忽现，颇堪注目。午中至马道屯打尖。饭后北行，一路山岚渐觉近而可攀，而杨柳青青，时相遮护，恨志在趋程，不能一为登览。至阴平投宿，夕阳在山，征车尚多未息。忽有琵琶妇到寓，意欲歌以娱客，力辞乃去。调以诗云：

高髻云鬟短着衣，市门不惜倚斜晖。
春情早逐杨花落，未必尊前识曲稀。

壁间见胡亥卿、黄韵珊、钱晓庭诸同年题有唱和新柳之作。因次亥卿诗云：

小小莺儿坐不堪，谁移春色到江南？
烟笼眉黛描犹浅，露湿腰肢舞乍酣。
陌上已随风袅袅，宅边曾绕径三三。
长亭莫任人攀折，好向遥天衬蔚蓝。

初八日，五更发轫，星光半隐，风片微扬，行十余里，东方明矣。启帘四望，见前车中郑右坡相呼，喜出望外，得五律一首云：

未及下车揖，乡音入耳清。
同为千里客，况复故人情。
山近螺鬟耸，沙干马足轻。
从兹晨夕共，去去话前程。

驰五十里至临城驿打尖。时风转西南，车坐烦热，与少珊策蹇而行。遥见峄山善卷洞诸峰岭，皆拱揖于鞭丝帽影之间，而枣林柳岸时复相掩映，旅行者亦足以增清况。晚至南沙河投宿。右

坡来谈，言及伊所安歇处壁上，有砚芳女史题诗，及□□□为杨菊泉死赵城之难感赋七律四章，因与少珊往读一过而退。

初九日，四更登车，天晴风缓，暗行十余里至界河打尖。遥望西北诸山，树木森然，峰峦蔽互，如《米虎儿》[(19)]点墨为山，笔法幽秀，注目视之，不下十余里，乃见真面，盖山体皆泥沙，而有黑石层层盘绕，远望尽作树色也。自邳州见两峰环列，从而之北，则连山逶迤，目不暇给，然皆平衍而无磊落英多之概。独榆山一带，睹其气势磅礴，颇有合于“山似论文不喜平”之意，不能不褰[(20)]帷望之。至亚圣庙，与少珊肃然晋谒。棂星门内古柏参天，空翠满地。震隅[(21)]有圣祖仁皇帝御碑，巍峨特立，制度恢宏，仪门竖榜云：泰山气象。中庭纷列桧柏数百株，皆麟甲之而离奇夭矫，必千百年物也。墙垣及中庭，碑碣如林，多似元明以来所立，而诗文、祭告之文一时不及遍读。惟中有天震井碑[(22)]，记载境内有孔子井、颜回井、曾参井。而孟子井，则于康熙十一年间庙中演剧，青天无云，忽雷霆下击，有九十四岁老人颜□见有砖甃在地，遂得是井，从此与孔、颜、曾井并列为四，事亦奇矣。正殿尤极宏敞，独乐正子[(23)]旁列一座。瞻拜之余，低徊不能去。诗云：

七百有余岁，斯文复在兹。
廓清杨墨路，学备帝王师。

稷下[(24)]雕龙贵，燕台[(25)]买骏驰。
天将终战国，落落辙环[(26)]时。

桧柏争盘曲，苍然护粉垣。
泰山瞻气象，泗水接渊源。

三徙村邻古，千秋俎豆[27]尊。
遨游此为最，亲入圣人门。

由启圣殿西至严堂，见紫藤一株，根有数抱，盘曲而上，与古柏数株缭绕纠结，如神龙飞舞云雨之中，而莫能究其首尾者然。外此，则古柏苍劲，无一不入神品。惜无韦偃、张璪[28]诸笔，一一写入丹青也。庙左即孟氏宅门，联有“由周而来第二家”之句。荣矣哉！日色渐晚，遂步行十余里至中山店宿歇。歌姬夭妇纷至沓来；后有小妮子入，口齿伶俐，歌一曲酬之数钱乃去。二更雨作，车不能行，是夜得终夕眠。

初十日，趁晓套骡。野有余润，道无纤尘。时车有三十三辆并发，铃铎声闻数里。四野观望，远山如沐。辰刻过兖州城外大桥，石阑高峻，河流尚涸。宛转西行五十里，至高吴桥打尖后，经滋阳第口堡，见石碑高耸，题云：和圣柳下惠之墓。因缀以诗曰：

曾记书三箧，今从墓畔过。
谁同贤者立，独占圣之和。
樵采人犹禁，爰居论不磨。
春风仍霭霭，吹入柳枝多。

天色渐晚，急行六十里至汶上县，时已掌灯。夜饭毕，闻雨声淅沥，未知明晨能行与否？心甚切切也。

十一日，云消雨霁。四更起程，行十余里天明。北望群山，纷列左右。午初至东平州打尖，嗣由河桥入南门出北门。城中店铺稀少，惟卧龙街一带稍有城市气象。从此北行，山光树色稍有可观，而山路崎岖，车行倍觉倾侧。口占六绝云：

轮蹄络绎走风尘，念到家山入梦频。

杨柳不知乡思切，一时青到故园春。

长桥跨水接严城，此地曾传美酒名。
呼遍当垆人不见，依然醒眼过东平。

石骨巉岩路曲盘，车行坐少片时安。
不须九折邛郲阪[(29)]，能使王阳[(30)]泣据鞍。

倒地残碑迹半湮，茶棚有字记荒墩。
分明画出江南景，处处杏花红入门。

望尽甘霖麦到枯，昨宵雨点洒平芜。
行人相值无他语，首问南来雨有无？

沿途争挽马骡秋，提瓮人来饮碧流。
车子何能谈往事，一钱偏效仲山投。

又北行至东阿县第六堡，有穹碑立道旁云：楚霸王墓。戏作诗云：

大泽云迷汉骑屯，愤王何不善谋身。
八千子弟犹凋丧，父老应无见面人。

自此尽入山路。过茶棚墩后，四面峰峦旋绕，而仄径萦纡[(31)]，前后不复能照顾。时夕阳欲暝，细雨如尘，后车杳然。正在荒迫，幸少珊跨驴而来，遂至旧县投宿。雨虽止，而山店已张灯矣。

十二日，起五更，天晴风软，北行入山。径中两旁沙坡壁立，路极偪窄，其广不容二轨，下多石子，骡马践之作滑汰声。

人在车中，摇动如悬风槌，磕碰如急水桩，几有欲倾不倾之象。而歧路之中又有歧也，非熟于此者几无以辨。行十余里天明，由东阿县西管仲三归台(32)前，路渐平坦，即从旧县驿至桐溪河口，以船渡车，骡亦倩村童跨以涉河，水及骡腹，而童子坐其背上拍浮而过，无难色也。总行五十里至桐城驿打尖。从此而北，仍此一片平沙，绝无山水可纪，但见枣柳纷披于草屋间而已。又行五十五里抵茌平投宿。妇女相嬲(33)者甚多。饭罢即闭户而睡。

十三日，登车时漏方四下。密云不雨，风缓沙平。车中三眠三起，已行五十里，遂于新店打尖，时才辰初耳。又行数里，蓦上矗云汉，而城上睥睨隐现于枣柳阴中，车子曰此高唐州也。有诗云：

钟声飞出梵王宫，早见浮屠插远空。
石蹴马蹄车辙碎，烟横雉堞柳阴浓。
壮游未遂凌云志，故国犹思表海风(34)。
不信玉桃三窃(35)后，仍留遗蜕话齐东。[1]

注：[1] 城表有汉大中大夫东方朔墓碑。

吟毕，绕城而去。午后南风大作，惊尘洒面，十步外无从辨物。一路奔驰，唯见杨柳数行，茅屋几家，作目前点缀，车中欹侧，颇不奈人。口占云：

柳绵细点马蹄尘，客路韶光不算春。
树幂(36)远村高露塔，沙飞平野暗迷人。
一帆风送轻车驶，[1] 半堵墙摧旧堡湮。
终日劳劳思息辙，茅檐遥指晚烟新。

注：[1] 小车每张帆以借风力。

行五十里至腰站，宿三合。

十四日，谯楼打四鼓，云定风微，月光满野，车行甚适。行不数里，蓦焉飞沙走石，北风大作，如大海回澜，波涛汹涌，如冰车铁马，蹴踏而至，人坐车中，颠翻不止。天未明，从恩县南门出北门，平野之间，风势更猛，至新店打尖。过德州，绕城而北抵运河，正所谓阴风怒号浊浪排空时也。幸土人以板铺大船上，船与岸齐，长驱而过。终日在大风中，车帘紧闭，竟如三朝新妇，故目中不见一物。晚至刘智远(37)庙投店，风稍息。

十五日，三更就道，南风扇和，荡冰在水，车行安稳。驰三十里入景州南门，兜出西门，渡河而北，抵漫河打尖时，已入直隶界矣。午后路见滕公墓，想即滕文公(38)也。公与孟子有师友之资，宜其一抔浅土至今不泯也。登车后，又从阜城东门外北行，宿于富庄驿，约行六十里云。

十六日，亦三更起，行三十余里至献城。诗云：

地溯贤王列郡雄，班班车入古城中。
天人谁继董生策(39)，礼乐犹存汉代风。
一水往来估客舫，[1]千秋寥落日华宫(40)。
乐陵(41)欲问前朝事，几树梧桐荫碧丛。

注：[1] 北道唯此河可行舟。

又一首云：

孤城犹说献王(42)家，一路班班驶客车。
山近仙岩余挂树，歌传渔泊动莲花。
蒲萦台(43)古春无主，董学村荒日易斜。
汉代衣冠何处问，空思陵语误蛤蟆。

城无完堵，民有阛庐。西门外环以大河，望之甚辽远，并有舟帆往来，水运可通天津，亦北道所仅见也。又行八十里，至臧家村打尖。饭后步行十余里乃登车，时西南风甚大，尘沙蔽野，一二丈外不辨形色。急行而前，薄暮抵河间，二十里至店投宿。

十七日，套车时已交四鼓，月照平沙，如一幅白地银光锦，可以不火而行。行五十里至任邱县外打尖。鲍寿章辞，入伊叔朗如署中。遂从县西行四十里至□州，州惟土城，亦断续居多。城西有大河环绕其间，由此而北，河外有河，汪洋无际。过碧汉层虹桥（俗名十二连环桥），河流渐细。又行三十里至雄县投宿。先是，每至旅店，琵琶歌女蜂拥而至，自此以后绝无一人矣。

十八日，漏下四鼓，披衣而起，时斜月半天，薄云翳野。套骡出市梢，觉西风甚大。行四五里，风转东北，急雨跳珠，狂飙振地，行者方以为忧，幸一时即止。遂于孔家庄打尖，约行五十里矣。饭后风更狂大，行至龚家营北，一片平沙，不啻数百里之遥。极目所至，惟见天宇四垂，大风鼓荡于寥廓间。弯坐车内，如在巨海之中，四面波涛汹涌，疑有蛟龙舞动于肘腋间也。行五十里至渠沟宿店，盖从此可入南西门也。否则须由高桥而三家店，而界河，而良乡，则从彰义门入也。税驾时才交申刻，然已不可行矣，因不夜而眠。

十九日，四更出店，月明如昼。行二十五里从固安县南门入城中，虚无市廛，人稀地广，水有薄冰，出自北门，乃有阛阓数十家。又行五里至永定河，河阔半里许，黄流滚滚，急溜生波。河有渡船四只，因近岸浅滩，舟不能抵岸。土人衣皮裤负人登舟，车则从水中驱之上船，骡马等亦须其人牵至河北，故行人至此每苦其需索。余兄弟两车延候半日，费钱三百五十文，乃得过河。公车如此，他可知矣。及登北岸，见霸昌道王告示极惩其弊，并酌定价值云：骡车车载每辆给钱一百四十，轻载每辆给钱一百；轿车重每辆一百，轻每辆五十；骡每头十五文；马每头十文。宪

示煌煌，彼竟视为具文，知下之仰体也寡矣。此地沙白如银，绿杨遍野。大抵自扬州以来道间多植杨柳，山东以北又间以梨枣。兹者更多榆树，盖榆可为炭，柳则以为器用。告子[44]谓“以杞[45]柳为桮棬[46]”，非浪语也。又行二十余里至榆垡打尖。饭后，日暖风微，与少珊步行三四里乃上车。狂飙突至，飞沙射人，急下车帘，闭目而坐。行五十里至庞家谷镇宿店。

二十日，鸡鸣而起，天气稍寒，日涤冻涂。行数里，遥见长垣一带，卓立道东。沿墙有沙坡坦至平地，迤逦而北，不知数十里而止，人云此即打围墙也。行三十五里至南西门，城卒之需索甚于永定河，公车中任其倾箱倒簏，必饱其欲而后已，余亦花钱二百八十文。都城内阛阓崇闳，门窗屋宇，金碧照耀，车马喧阗，在在有毂击肩摩之象。颍滨[47]云：“仰观天子宫阙之壮，与其城池园囿之富大，而后知天下之巨丽，其在斯乎。洵足以隆上都而观万国也。”行行至杨梅斜竹街德元店主人朱人麓处，珊洲叔父已有信，嘱其留房相待。晤后，将行李搬入西耳房，并以叔札见示。信内属望甚殷，命余场前静坐数天，以搏一战。考毕，可偕五弟到山海关云云。俄而周秀亭、李介夫两世叔到寓。二公皆叔之联谱弟，先来顾问。傍晚，又有己卯举人李一山先生至寓。李亦叔之旧好。半日间竟聚首一堂，而诸公又能推爱及乌，视少珊如侄，视余如少珊也。语次，秀亭以礼部纳卷[48]自任，并问余兄弟旅费得无缺少否？若弗虑人之借贷也者。忆去冬以将计偕[49]北上，悉索行资，吾乡二三至好不敢相过，偶一语及，必乱以他词，而秀亭乃肯先为之筹，人之度量相越，有如此者乎！是晚黄昏得饱饭安睡，较之野店栖皇，征车历落，光景大不同矣。

二十一日，日上三竿乃起，有叔父旧交冯敬亭邀余兄弟晚酌，不及面晤。午中，秀亭招至福庆馆午集，同坐者周与二李外，又有叶□□六人。饮至申刻而回，即偕少珊答拜冯敬亭。傍晚，敬亭又来相延，遂同秀亭、二李饮于福庆堂。漏初下，各归寓。

二十二日，秀亭早顾，取山海关信代寄叔父处，并将公据文[50]送礼部纳卷。巳初，曹六桥至寓。午中，李介夫邀余兄弟同饭，谈及山海关形胜，令人神往。饭后，与少珊同拜金蕙孙，以病不能出见。归寓后，少珊出街，余在寓独酌。半酣欲睡，适叔友钱云帆青选来，谈至二更去，而后就枕。

二十三日晨，买小米煮粥，与少珊同食。有绍兴同年朱药庵英、胡书舫秉宪同寓，约同拜张桐厢座师[51]，适叔友丁镜溪至寓，朱、胡两君乃先行。饭后，少珊偕张仆他往，余方独坐，朱、胡两同年来答，一谈而去。夜与李介夫同饭，煮猪肉甚烂，以桐乡酱油蘸之，犹有故乡风味。余兄弟食之而饱。

二十四日，叔友张敬修主宪及部属陈青蘂来拜，又值金蕙孙来答，巳初乃得躬谒桐厢座师于刑部街邸。蒙虚怀接纳，问及年岁，并云发榜何迟，有咨嗟太息之意。余亦不胜惭愧而退。午后至嘉兴会馆答曹六桥，不遇，至全浙会馆望郑右坡，亦不遇，却与陆定圃、吴梅城、玉森相值。俄而六桥至，俄而盛犀林钫至。意外相逢，倾谭良久。回至海昌会馆，知许春苹、鹿苹未到，留片而返。至嘉兴会馆欲晤俞云幕、钱晓亭两同年，俱不遇，亦留片而返。夜与介夫同饭，候秀亭叔，以他往不至。

二十五日，陈青蘂遣其弟□□，邀余兄弟及秀亭、介夫至福庆馆同饭，而钱云帆亦至，遂往广福馆观剧至晚。青蘂复邀至其家，饮至夜半以车送回。天气热甚，绵衣尽脱。及黄昏风起而归，已星光满天矣。

二十六日，熟睡至辰乃起。饭后，与少珊答拜候补训导[52]李晴湖复淳于西永丰店，答钱云帆于大有店，答陈蘂青于兴隆街。回至西河沿，觅何亥卿绍瑾寓，不可得。遂至小安南营火神庙答拜刑部主政[53]张敬修，又与盛犀林相值于寓，还至粉坊琉璃街刑部主政陆虹江元烺寓答拜，回见朱廉泉濂及鲍清渠清植、俞云幕煓诸同年名片，已不及倒屣[54]云。

二十七日，晨起与少珊步入前门，雇车至东华门外，拜海靖堂观察[55]于锡蜡胡同（现任蓝翎侍卫）。时海公扈跸初回，睡而未能见客。回寓见章芸台溥、吴霞村钤两同年名片，而原任建昌县常司马亦来拜。午中，秀亭偕余兄弟至裕兴店小饮。俄而海公至寓见答，邀至广和楼听戏。时演《店缘》一剧，足为我辈警省。傍晚，诸公至寓小憩，仍往裕兴店夜饮，归寓已交三鼓。

二十八日，晏起无事。早饭后与少珊步至海岱门，欲入礼部贡院[56]观号舍路径，门者以诸大人在内相阻，只于天开文运牌楼前略为观望。遂绕棘墙西行，雇车回店。有萧山同年陶秉淳名片在案，以天晚未之能答。

二十九日，天阴微雨，复开霁。饭后与少珊至琉璃厂，买考具一篮。午后又雨。北地久旱，麦田待泽甚殷，得此霡霂[57]，想田野必有沾濡之庆。而客窗厄坐，寂寞殊常，沽酒一樽，聊舒旅况，至晚便睡。

三十日，雨止，初日在檐。睡起已交辰初，拈笔作楷书三百。久不写字，手如木强矣。饭后至顺成门外大街即升店，答章、吴两同年，不遇。又至海昌会馆晤许春苹，亦不遇。遂将朱焜元、管芷湘所寄二札交其纪纲而返。便至西河沿候何亥卿于吴户部主事[58]家，又以他出不晤，遂步行至寓。申刻，亥卿来答，稍罄旅怀，即将伊姻伯[59]孙恢能所托代办供事之意面致，乃别去。夜饮高粱酒一两，即拥被而眠。

【笺注】

（1）啮（niè）：咬。

（2）筩：筒的异体字。

（3）巽（xùn）隅：巽，巽维，东南方。巽隅，东南一隅。

（4）薙（tì）：除草。

(5) 棂（líng）星门：棂星传说是天上的文星，又称文曲星。棂星门即文星之门，为孔庙建筑中轴在线的第一座门。也有说棂星门是指天门，所以宫室、祭祀建筑如天坛、社稷坛以及陵寝建筑亦有棂星门。

(6) 簨（sǔn）簴（jù）矞（yù）皇：簨簴，古代悬挂钟磬架子的横木和立柱；矞皇，明盛貌。

(7) 浪静风湉（tián）：水面平静。

(8) 历落倾欹（qǐ）：历落，疏落参差貌；倾欹，歪斜倾覆。

(9) 晡（bū）：下午三点到五点时段。

(10) 税驾：税，通挩（tuō），解下驾车的马停车，有休息或归宿之意。

(11) 打尖：打发舌尖的缩略词，指行路途中吃便饭。

(12) 策蹇（jiǎn）：策，鞭子；蹇，跛或行走困难；策蹇，鞭打马匹使之快走。

(13) 蘧（qū）庐：蘧草盖的房子。

(14) 金骢：金，金鞍；骢，菊花青马。

(15) 博浪椎：指在博浪沙狙击秦始皇所用的铁椎。

(16) 葅（zū）醢（hǎi）：葅，酱肉；醢，肉酱；葅醢，古代酷刑，将人剁成肉酱。

(17) 娥姁（xǔ）：妇女。

(18) 阴曀（yì）：阴天。

(19)《米虎儿》：即董其昌的山水画《米虎儿烟雨图》。

(20) 褰（qiān），撩起、提起（衣裳）。

(21) 震隅：震，八卦之一，指东方；震隅，东方一隅。

(22) 天震井碑：亚圣殿前露台下，甬道东侧，有古井一口。旁有石碑记载："康熙十一年（1672）庙前演戏，忽日中声震如雷，闻者环顾失色，见阶前陷有甓甃圆痕，熟视乃井也。次年，额之曰天震井。"

(23) 乐正子：战国时人，仕于鲁。一说为孟子弟子。

(24) 稷下：战国时田齐的学宫。

(25) 燕台：战国燕昭王所筑的黄金台。唐汪遵《燕台》诗："礼士招贤万

古名，高台依旧对燕城。如今寂寞无人上，春去秋来草自生。”

（26）辙环：语出韩愈《进学解》，喻周游各地。

（27）俎（zǔ）豆：祭祀、崇奉。

（28）韦偃、张璪：唐代画家。

（29）邛（qióng）郲（lái）阪：邛郲山的山道，至为险要。

（30）王阳：有名的孝子。宋林同《贤者之孝二百四十·王阳》：“礼经称孝子，不服闇登危。所以九折阪，回车不敢驰。”

（31）萦纡：盘旋曲折。

（32）管仲三归台：齐桓公封给管仲的采邑。“三归”为“三归之家”的缩略语。“归”同“馈”。

（33）嬲（niáo）：纠缠、戏弄。

（34）表海风：为东海之表式。《左传·襄公二十九年》：“春秋吴季札至鲁，鲁为之歌齐诗，季札闻乐云：‘美哉，泱泱乎！大风也哉！表东海者，其太公乎！’”

（35）玉桃三窃：东方朔窃王母仙桃事，见《博物志》卷八。

（36）幂：覆盖。

（37）刘智远：即刘知远，五代十国时后汉的开国皇帝。

（38）滕文公：战国中期滕国国君。

（39）董生策：《范德机诗集》卷之四：“明光宫中问礼乐，董生策有经济略。一朝声名动和朔，往取青紫如六博。”

（40）日华宫：西汉河间王刘德所建，为当时全国儒学中心。

（41）乐陵：在山东德州，汉高祖五年（前202）置县。

（42）献王：献王刘德，汉景帝刘启第二子，西汉宗室，藏书家。汉景帝前元二年（前155）四月，以皇子身份受封为河间王。

（43）蒲萦台：《郡国志》：“秦始皇东游海上于此，萦蒲系马。”后修台于此。

（44）告子：东周战国时思想家，兼治儒墨之道。

（45）梠：同耜。

（46）桮棬（quān）：桮同杯。棬，屈木制成的盂。

（47）颍滨：即苏辙。苏辙致仕后定居颍昌（今河南许昌），颍昌在颍水之滨，故自号颍滨老人。后人称其为颍滨先生。

（48）礼部纳卷：是举子将自己平日的习作送呈礼部，供主持进士考的礼部侍郎参考。

（49）计偕：汉时被征召的士人，皆与计吏偕同上京，称为“计偕”。后世举人入京会试，也称“计偕”。

（50）公据文：一种官方钞件券。

（51）座师：对主考官的尊称。张桐厢及后文提到的翁二铭，均为道光十五年浙江乡试的主考官。因毕槐是科中式，所以称这二位为座师。

（52）候补训导：训导，清代辅助地方官负责教育方面的事务。候补训导，是训导的虚职，并无实权。

（53）刑部主政：掌管司法和刑狱的大臣。

（54）倒屣（xǐ）：典出《三国志》卷二十一《魏书·王粲传》。屣，鞋，倒屣，倒穿着鞋。古人家居，脱鞋席地而坐。客人来到，因急于出迎，以致把鞋穿倒，后以倒屣形容主人热情迎客。

（55）观察：对道员的雅称。

（56）礼部贡院：会试的考场。

（57）霡（mài）霂（mù）：小雨。《诗经·小雅·信南山》：“益至于霡霂，既优既渥，既沾既足，生我百榖。”

（58）户部主事：清代具体负责户籍和财政的官员。

（59）姻伯：对兄弟的岳父、姐妹的翁舅或亲戚里比较疏远的前辈的称呼。

# 三月

三月初一日，冯敬亭折简[1]，约至燕喜堂观剧。栉沐后，即与少珊、介夫同车至馆，而秀亭与常司马、陈青藜先已在座。敬亭特于楼上设二席。戏未半，海靖翁亦至。余不胜杯酌，饮不过三蕉叶[2]而止。傍晚，敬亭又留门改席，劝酒甚殷。余连沃数觥，幸不至酩酊。归时已斜日西沉。黄昏就枕，未能酣睡，闻隔院有人高谈雄辩，喧聒不休，几及四更，方得成寐。

初二日，丁镜溪来寓，言及明日即欲入场当差，须揭晓后方能回家。因欲与少珊即去一答，适李一山偕伊表兄陈□□来，与介夫、秀亭写照，遂偕至金元馆小叙。嗣与少珊至前门雇车，至岱门外下四条胡同答拜镜溪，不遇。回值平湖钱即山熙咸同年偕柯春涛来拜，略谈而去。晚飧后，鸳湖屠邻哉又来致谢，秀亭之弟□亦见顾。二君先后出门，乃得终食。

初三日，翁座师二铭，名心澄，常熟人，在奉天遣价赍、袍顶[3]等物来寓。余因未曾拜谒，即行璧谢。张桐厢座师亦亲来答拜，余不敢受礼，亦辞以他出。时琉璃厂西头雕藻堂王履道，持翁座师朱单及同年沈砚农祖懋手启来约刻履历，付银二两钱三百而去。午后，与少珊步至雕藻堂开示三代，乃雇车同入顺成门内屯绢胡同，答黄子春庆萱，不晤。少珊下车去，余独至兵部洼中街，送璞亭手札于书种堂郑小帆，即出城至全浙老馆，答柯春涛、朱廉泉诸君，皆不在，惟寄留名片于云幕而已。

初四日，午前无事，与少珊至前门大街观骨董书，即从大栅栏回寓。傍晚，秀亭招同夜饭。时风声撼壁，雨点溅窗，余连斟数爵，不复知薄寒之中人也。

初五日，酣眠至晓，晴色已盈窗户间。一山早来相订同饭，午至伊寓，介夫及朱、胡两同年皆在，而秀亭最后回寓，亦同入座，诸人告饱而散。余欲买《宸垣识略》[(4)]，问诸琉璃厂书坊，以其索价甚高，不能得。傍晚，身觉微寒，而头面甚热，饮高粱烧一两，早睡。

初六日，晨起，自煮稀饭一瓯。米既光洁，味亦清香，食之胸膈开爽。从此当日日为之，不减画粥断齑[(5)]风味也。午中，介夫又招余兄弟同饭。饭后，与少珊步至贡院观序进牌[(6)]，过炮厂胡同，有大炮横卧平地闳中肆外，较吴门所见，不啻四倍之也。面有篆书“神威大将军”，所记年月，不能清楚矣。途遇六桥，邀至伊小寓，得晤沈西铭、彭朗亭、李戋园、沈石庵诸君。出过观象台，欲一登览，守者止之，惟望台上仪器成行，不能一指其名。徘徊久之，至大街雇车而返。城中石路跷埆[(7)]，坐次甚以为苦，然已不能步行也。回寓饮绍酒半斤，已酣，又与少珊至雕藻堂观所刻履历，王履道不在，未及寓目。回时适秀亭以银函见赠，面写“一定连元”。余深感其意，受之，以志一时嘉惠。夜饭后，李晴湖见过，余已拥被在床，不能出见。

初七日，以上夜少睡，起身稍晚。仍以白米煮粥食之，胃气得和，午饭可吃二琖[(8)]。因在寓中收拾考具，不出户者终日。傍晚饮而小睡。秀亭又招同夜饭，遂与介夫等同席。余已不能再饮，食毕就枕，而新月色已满中庭矣。

初八日，闻邻鸡三唱，即兴与少珊连车至贡院，秀亭、介夫俱早起相送。浙江举子由东南门入，至砖门边，有朝北高厂[(9)]，御史在焉。其从者以序进牌插外柱，每牌五十名士子。看已名在第几牌，即随牌而至厂下。厂上唱名，即将卷票[(10)]呈看，发照

入籤，持此乃得入砖门。至仪门外，中坐监临官，四周围以木栅，栅上人亦持卷五十本，照牌唱名，名合付卷以入。余在门内道字四十八号。号中八十余间，五十号以外，皆是虚置。而此外，竟有全号空出者，以会试人少之故，赴试者亦无坐号底之忧也。号舍甚低，四面皆砖砌，阶石广阔，坐处不甚幽深，较南闱则板皆铺满；余身体短小，弯卧几可容身，故是夜竟得成寐。号门外，离丈许俱列红木栅。栅内依号门各有铁镬一只，为诸生造饭。栅外即明远楼下甬道。楼既高峻，道亦平坦，有大槐一株，其旁枝俯出道间，两以红木支之。先至者，得出号门观览，然只立号栅之内，非若南闱之可中道而行也。午中，点名已毕，即封号门。号中无一本省人，惟广东同年陈壮猷连号，语多可通。去后闲坐半天，取壶中所带绍兴酒独酌。饮毕，有魏姓号军乞赐余沥，瓶已罄矣。然则余开樽时，彼之垂涎已久，惜乎言之不早也。傍晚，和衣而睡。间壁有吸雅片者，香气时时入帘，不啻号军之看余吃酒矣。

初九日，五更初醒，题纸已到。“小人闲居为不善”至“而着其善”(11)；次，“子钧而不纲”一章(12)；三，“天下有达尊三”至“德一”(13)；诗，“布德行惠”得“时”字(14)。余未之能兴。天既明，乃起而磨墨拈毫。余平时文机亦颇清利，此时不知何故，苦涩异常。且天气骤热，胸膈烦闷，心思因而昏瞀。至暮，三草虽全，文气全无生趣。以是知火候不到十二分，终不能得心应手，而功名之难易，有非人力所能强致者。夕阳既下，缮清两篇。掌灯后只补草稿，而两目昏蒙已难动笔，遂灭烛而寝。

初十日，天明即起。食粥两碗，便将文诗缮毕，时交巳初。遂收拾衣物，持卷出号门，由栅内走上至公堂楹东交卷。持照出籤，由甬道中出砖门，于东南门外见张仆雇车相候，乘之回店。时秀亭已赴□□之任，惟介夫偕陈小真同饭。饮高粱酒一尊，睡片时乃起。

十一日，至贡院，旭日已高。余在鸟字第八号，适西铭进来，言六桥三十号，趋而视之，喜出望外。遂与六桥同至西铭号中，略谈而退。又至戋园号中，共话良久。号门将闭，偕六桥归号，时才卓午[15]。是日，与六桥倾谈半日。傍晚，饮绍兴酒半斤而睡。三更后，题纸已到，余仍未之能起也。

十二日，卯初，起看经题。《易》："与人同者物必归焉"至"受之以谦"[16]；《书》："兢兢业业，一日二日万几"[17]；《诗》："益之以霢霂"至"生我百谷"[18]；《春秋》："叔弓如晋"[19]；《礼》："以三十年之通，制国用，量入以为出"[20]。草草动笔，申未已缮四篇。恐精力不续，留一篇明晨写。

十三日，天明起坐，将礼记文誊正。打迭衣物，交卷后出院门，与张仆乘车回店。午后无事，与少珊步至琉璃厂书坊看书，便至崇文门外。见城隅有张一大布幔，鸣锣鼓作戏。木笼中豢一乳虎，任人戏嬲外，一狗熊舞枪弄棍，凭人指使。每戏罢，輒鳌[21]豆腐一块赏之。有一人手弄木棍、木丸，弄盆弄抢，层出不穷，陆离光怪，令人目眩，掷以数钱而退。既欲至象房观象，门者索重酬，乃已。是晚早睡。

十四日，早至贡院，入珠字第九号。门首遇沈砚农，告以场毕须至山海关，团拜时不及亲赴，嘱渠代致两座师。号中无人相识，两旁皆直隶、云贵人，言语多所不通，独坐而已。午后天气热甚，不及下帘，酣然一睡。檐风袭人，身便不快，夜即遍体肌栗，身热如火，题纸来时，惫不起身。

十五日，天已大明，勉起握管。策五道：经义、史学、文体、训练、守令。自揆空疏，不能条对，依问敷衍而已。是日，身热倍甚，头重目眩，困惫异常，遂于午后草草了事，将上夜所煮白粥一瓯食之而睡。时余高粱酒琖许，至此不能饮，适顺天张申寅同年连号，即以相赠，彼得之甚喜。

十六日，天明后收拾考篮，交卷出院。不见张仆，独至东口

门外人家檐下坐以待之。时身体尚热，风沙刮面，大不能堪。候至两时许，自负包裹，欲回至东门外息肩于六桥小寓，张仆见而雇车回店。精神弥觉疲苶[22]，因终日吃粥，不能出户。傍晚，自煮鲫鱼，味甚佳，得食饭盏余，不夜就枕。

十七日，倦睡至辰刻乃起，身体已凉，神气未复。午饭强而后食，因与少珊至广和楼听戏，以消沉闷。（票钱每人京钱一百四十八，茶钱三十，小食三十）观者甚众，天又烦热，余不觉汗渍中衣，而风寒为之一解。晚以麻菰煮鸡，下高粱四两，饭一琖有半。是夜心有所感，终夕不能安睡。

十八日，天明即披衣而起，买粥两瓯，与少珊共食之。少珊至东华门候海靖翁，兼至花儿市雇到山海关车辆。余在店束装，适钱友鹤表侄见过，倾谭数刻，乃别去。少珊归寓，又同至琉璃厂四宝斋买纸笺数幅，而后返。夜饭后即就枕。

十九日，黎明即起开户，两车已到店外，即令装载服物，与李一山、朱小麓暂别，由海岱门出东便门，忽见河水洋洋，舟楫如林，人言此即通州运粮水道也。约行三十里至官桥，桥阔十丈，长四倍有余。夹道榆柳成丛，绿荫冉冉，路多古墓，松柏萧椮[23]。殡宫亦极宏敞，此皆生前赫赫者也，今几不知谁何。诵渊明诗“感彼柏下人，焉得不为叹”之句，怆然久之。又行十里，至八里桥打尖。嗣行一二里，赁车儎[24]骡。车过河东，望见通州城垣，宝塔一枝，上矗霄汉。时午曦蒸热，单衣欲脱，见西天云峰麻列，雷声阗阗，知阵雨将至，急行而前，税驾于燕郊镇旅店中。遇四川辛卯科举人李膺祺，接谈良久，知伊欲到永平府，此去同路为多也。俄而大风振屋，细雨洒窗作淅沥声，神气乃稍清爽。夜饭后，膺祺又来倾谈，急雨复至，数刻而止。膺祺因明日须早行，各自归寝。

二十日，四更出店，霁月半天，沙洼积水。约行二十里，远见广成山一带，迤逦重沓，极目数十百里而莫穷其所止。时从三河县行至断脊岭盛家店打尖。店中有面无饭，所食不过青油饼、木屑汤而已。由是东行，远峰接引，时断时续，而绿杨丛楚葱茏，庇荫于村墟间，较山东道上，稍有生色。暖日烘晴，比上日炎热更甚，夕阳西下，方觉清凉。又行八十里，至别山镇停宿。李膺祺同寓，复来夜谈，久乃就睡。是日立夏，作《客路送春》诗云：

柳脱新绵绿满丛，韶光消尽马蹄中。
春于三月原如客，花落千枝不待风。
故里漫思樱笋会[25]，他乡谁与酒杯同。
天涯寥落休多感，犹见丰台芍药红。

二十一日，昧爽出店，初阳射帘，暖光煦物。行五十里至玉田县，由西门入，城小而街衢却整。东门外有市廛数百，更觉喧阗，遂以此打尖。午后至丰润营前，适逢午集，百货具陈，道无空隙地。市尾有绳妓围场作戏，观者如墙堵，余志在趱程，买两梨而走。时西南风甚大，车中热甚，单衣亦不能御，幸沙从背后吹来，在车者尚可卷帘而坐。行八十里税驾于丰润城外三合店。

二十二日，登车即睡。醒后卷帘，突见连峰杂沓，环车左右，朝阳烘染，若隐若现，忽淡忽浓，而山外有山，树顶有树，纵目所之，莫知其数。余向游武林诸山，谓重峦迭嶂，如入画图，今复得之于此，但欠西子一湖，使烟波淡荡摇空碧耳。因口占一律云：

群岫围如一大环，晓阳穿树豁烟鬟。
画多难写画中画，山远能看山外山。
得水应堪三竺[26]并，搜奇欲尽九州难。
长途有此消愁闷，车马劳劳岂等闲。

行至烟墩山下，见有奇石如卧虎，如蹲狮，如游龙，出没于

沙土间，颇可观玩。过此以往，则入醴、滦两界之中，而平地之东，忽又群山岧崿[27]，峰峦刻削。前此所见，如倪迂平远一派，此则全如米家父子[28]，泼墨成烟峦矣。道间每有小穴，旁插高粱干数枝，有人出入其中，盖掘地而处也。车从山坡下宛转兜入，两旁沙埂纵横，地既忽高忽下，车亦时轾时轩[29]，升降之际，不无劳顿，余则贪看山景，乐此不疲焉。行五十里至榛子岭打尖。由是而所行，皆与山近。车绕山麓而东，沙厚尺许，骡足欲嵌，至沙河驿，骡子复为喂料。余与少珊坐茶棚纳凉多时，然后登车，又行七十里至野鸡沱宿店。

二十三日，天明登车。行二十余里，见有小山数处，高低不一，前有大河，骡车由柴桥渡去。行百余步，又遇一河，仍有柴桥可渡，即沿河濡北行。时北风大作，沙行如水，回顾河东，诸山环列，余则相背而驰，不暇观览。又行十余里，抵永平府打尖。午后，绕城东去，至碧霞宫北，车从山坡盘旋而上，至石壁间，仅容一车，彼此相值，必先呼应，使来车避至空隙，庶顾此而通彼，否则如两鼠入穴，进退皆难矣。幸横坡侧岭，不甚高峻，只似龟背上行，初无攀萝扪葛之劳也。作《永平道中》诗云：

蚁行屈曲路巉巉，沙碾双输马足嵌。
柳染深青依酒旆，山飞远翠扑征衫。
闲云偏出卢龙塞[30]，怪石犹惊射虎岩。
欲觅遗踪孤竹国[31]，风前只有燕呢喃。

平地少而山坡多。至抚宁第一铺，群山环列中，有数峰石骨森竦，刻露清秀。车从四边盘旋回绕，面面玲珑。谛观未尽，已行七十里，抵抚宁县城矣。即自迎恩门入，民房如雁翅分张，而店肆甚少，至青琐名臣牌坊[32]前，方有贸易之区，则更有数十家可以投宿。是夜息辙于□□店中，食白米饭甚佳。

二十四日，晨起，食粥两碗，登车就道，一路山坡，时高时下，行五十里，至凤舞店打尖。出见万壑千岩，目不暇给，虽童山[33]无草木点缀，然天骨开张，别擅幽峭，譬如豪杰之士，绝无依傍，而俊伟不凡之慨，自有不可磨灭者。山坡最高之处，望见东南巨海，汪洋远混天碧，西日照之，雪浪汹涌。而北沙河涸，石子满其中，车行甚轇轕[34]。抵榆关城六合店，卸车后，着人至山海关监督署中通信，珊洲叔即命余兄弟进见。以二十八年分离之叔侄，相晤于三千余里之边隅，拜谒之余，悲喜交集。然叔以六十余人，精彩矍铄如故，余则形容枯槁，叔见之亦颇惊讶，始知蒲柳之质，不如松柏之姿也多矣。因呈七律一首云：

竹林相望渺云山，觌面翻疑梦寐间。
意外悲歌联子侄，客中强健胜安闲。
桑沧易洒当前泪，憔悴先惊别后颜。
团坐几忘留绝域，故园月已挂崇关。

夜谈至二鼓，因署中不便下榻，回至店中宿。

二十五日，睡至红日穿窗乃起，盥洗，即诣叔处早饭。终日侍谈，话及昔年亲故半多零落，共相咨叹。午后拜榷使[35]重公于衙斋。因叔父上夜少睡，初更时即告退。

二十六日，店主人陈□□来答。卓午进衙，与叔父同饭。余与少珊欲出署观山海关形势，遂借重公车一辆，马三匹，叔亦着人侍游。出署仰见城上横匾云：“天下第一关”，得诗一首云：

天没雄关百二多，长城相望郁嵯峨。
山连北阙云常捧，地接东溟海不波。
万国梯航人欵塞，三边耕凿士投戈。
闲宵一片秦时月，照向楼头倚醉歌。

出关先至二郎庙[36]。庙在首山之巅，殿宇不甚宏敞，而灌口神灵俨然，可想斩蛟捍患之概。殿之东北隅，有榷使金可庭、董仁斋两公相继所葺可琴亭。启窗北望，万峰环绕，下有溪湖兜入山坳，溪中沙涨水浅，樵人荷担往来，牛马鸡犬亦蠕蠕沙次，仰视之，不啻蚁行白纸上也。其中涧壑幽邃，纡回缭曲，余与少珊欲穷其际，而马临水滨，畏怯不前，竟不免自崖而返。山路平夷，策马而行。余不胜颠顿，行四五里登车，自迁安驿入城。与叔谈至黄昏，饱餐回店。店有歌姬在别院夜饮，睡梦中闻歌声袅袅，笛声呜呜，不觉有桓子野闻清歌輙唤奈何[37]之意。枕上口占二绝云：

梦魂欲出五花城，一串珠喉入耳清。
我是他乡未归客，不应故作断肠声。

笛中折尽柳丝丝，蜡炬烧残泪欲垂。
千里关山半床月，销魂不独鹧鸪词。

由是而终夕少眠矣。

二十七日，余乘车、少珊跨马，出关后迤逦东行，路入山坡，望穷沙漠，而长城一带，横亘塞垣，慨然想见祖龙[38]余焰。行八十里至姜女庙，有碑载："女许姓，同州人，夫范梁戍长城，女迎候至此，范已死，悲哭良久，城为之崩。土人瘗[39]之山足，并立庙祀之。"正殿似三清之座，庙祝指中坐者为秦始皇，恐未必。然后为姜女祠，自服素衣，含涕而立，柔情绰态，别有不胜凄楚之神。乃作诗以悼之曰：

一哭成千古，闲关候远征。

望穷身化石，痛绝泪倾城。
风雨愁何极，沧波咽未平。
颓垣何处是，掩抑有余情。

然左氏记杞梁妻辞齐侯之郊，吊而不言，其哭《檀弓》，谓其迎柩于路而哭之哀，亦未及崩城事。《说苑》则曰：“杞梁华舟进，斗杀二十七人而死，妻闻之而哭，城为之阤[40]。”《列女传》亦曰：“杞梁妻枕其夫尸于城下而哭，十日而城为之崩。”言崩城者，始自二书。崔豹《古今注》云：“乐府有杞梁妻者，杞殖妻妹朝日所作，殖战死，妻抗声长哭杞，都城感之而颓，其妹为作此歌。”然此莒城非长城也。而后人相传，乃谓秦政作长城以备胡，有范郎之妻孟姜女，送寒衣之城下，闻夫已死，一哭而长城为之崩。至琴操，有《范杞梁妻叹》者，谓齐邑范梁殖之妻所作也。杞而加之以范，其即碑之所来乎？山皆石骨，西麓有“止此”小石碑。后有大石岿然，镌“望夫石”三字。因系以诗云：

祖龙御宇天一吓，辟土每憾坤舆窄。
共其逼归惮狐聚，六王不足供蚕食。
灭国者秦亡秦胡，胡在望夷备北狄。
蒙恬[41]一去鼕鼓[42]填，役及万民无或息。
积骸高与长城平，范郎死不能归魄。
厥妇寻夫夫不遇，立而望之凭此石。
石不能言人悲号，城之崩也天之戚。
蓬莱舟遇海风回，辒辌[43]车送鲍鱼亟。
至性不为霜雪磨，一拳永过贞珉[44]勒。
遗庙荒凉依海滨，含情犹带唳潮汐。
呜呼！城有时而倾，石有时而泐[45]，
望夫之心何时释。

吟罢，流连久之，乃入关。

二十八日，监督重公招余兄弟午饮，因至叔父馆同往。叔与弟皆不胜杯杓，余少为酬酢而退。即与少珊出临榆关南门，行八里抵天后宫。殿宇森严，神灵肃穆。致远上人煮茗倾谈，并导引游内外诸胜。平台纵目，大海近在足下，水影涵空，望穷天末。下山自海壖(46)步至龙王庙，庙亦宏峻，中有危楼，俯瞰沧海。又至北龙王庙，亦有楼峙海上，橱供《华严》诸经，锁钥谨密。而槛外波浪拍天，风帆出没于烟云之表，皆可坐挹其胜也。东行百余步，即临海城之外郭，有石台直达海滨，立而望之，则三面倚海，雪浪触石，如万匹鲛绡随风舒卷。斜阳倒影时，明处如晶光晃耀，暗处则墨浪翻腾，浩浩荡荡，不知乘风破浪客，其去此几千万里也。凭眺久之，仍自沙壖步至龙王庙前登车，穿出临海城北，行入榆关，抵叔处已交酉初。

二十九日，盥栉后为重公写印帖三版，即入署。谈久甚倦，回店少睡，仍入侍叔父晚餐。漏初下，掌灯回寓。是夜早睡。

## 【笺注】

（1）折简：简，书札或信笺；折简，写信。

（2）蕉叶：指蕉叶状的酒杯。

（3）价贵（jī）、袍顶：价贵，不详；袍顶，即武夷山产大红袍茶。

（4）《宸垣识略》：清吴长元编著的一部记载北京史地沿革和名胜古迹的书。

（5）画粥断齑：又叫划粥割齑，把粥划成若干块，咸菜切成碎末，形容生活清苦。

（6）序进牌：进入考场前，在门外设的牌子，上面写明牌数、省份名次，以便举子认明随行，厅后点名进场。

(7) 跷埆 (què): 道路不平整。

(8) 琖: 同盏。

(9) 厂: 棚舍。

(10) 卷票: 举子的身份证明, 相当于现代的准考证。

(11) 小人闲居为不善: 《大学》: "小人闲居为不善, 无所不至。几十年均而后厌然, 掩其不善, 而着其善。"

(12) 子钓而不纲: 《论语·述而》: "子钓而不纲, 弋不射宿。"

(13) 天下达尊三: 《孟子·公孙丑下》: "天下有达尊三: 爵一, 齿一, 德一。"

(14) 布德行惠: 《吕氏春秋卷一·孟春纪·孟春》: "命相布德和令, 行庆施惠, 下及兆民。"

(15) 卓午: 正午。

(16) 与人同者物必归焉: 《周易·序卦传》: "与人同者物必归焉, 故受之以大有。有大者不可以盈, 故受之以谦。"

(17) 兢兢业业, 一日二日万几: 《尚书·皋陶谟》: "无教逸欲有邦, 兢兢业业, 一日二日万几。无旷庶官, 无工, 人其代之。"

(18) 益之以霢霂: 《诗经·小雅·信那南山》: "益之于霢霂, 既优既渥。既沾既足, 生我百谷。"

(19) 叔弓如晋: 《春秋公羊传·昭公八年》: "叔弓如晋。" 晋侯筑虒祁宫, 叔弓如晋祝贺。

(20) 以三十年之通, 制国用, 量入以为出: 《礼记·王制第五》: "冢宰制国用, 必于岁之杪。五谷皆入, 然后制国用。用地小大, 视年之丰耗, 以三十年之通, 制国用, 量入以为出。"

(21) 鍫: 同锹。

(22) 疲苶 (niè): 疲倦貌。

(23) 萧椮 (sēn): 树木高耸貌。

(24) 儎 (zài): 运载。

(25) 樱笋会: 以樱桃、春笋作佳馔的宴会, 亦泛指春宴。

（26）三竺：杭州灵隐山飞来峰东南的天竺山，有上天竺、中天竺、下天竺，合称“三天竺”，简称“三竺”。

（27）岝（zuò）崿（è）：山崖高峻貌。

（28）米家父子：北宋画家米芾父子。

（29）时轾时轩：车前高后低称“轩”，前低后高称“轾”，此处形容车行颠簸。

（30）卢龙塞：即今河北喜峰口。

（31）孤竹国：三千年前商代时一个北方大国。

（32）青琐名臣牌坊：青琐，古代宫门上的一种装饰，《汉书·元后传》：“曲阳侯根骄奢僭上，赤墀青琐。”颜师古注：“青琐者刻为连环文而青涂之也。”此处指名臣牌坊上饰以青琐的装饰。

（33）童山：不长草木的山。

（34）轇（liāo）轕（gé）：杂乱、纠葛。

（35）榷（què）使：守关的边官，督理钞关的主事。

（36）二郎庙：纪念二郎神杨戬的庙宇。

（37）桓子野闻清歌辄唤奈何：桓子野，名伊，东晋名将，善吹笛；清歌，无伴奏的清唱；奈何，曲调之和声。桓子野听到别人清唱，一定要用“奈何”来帮腔相和。谢安就说：子野对音乐可谓一往情深啊。

（38）祖龙：一般指秦始皇。

（39）瘗（yí）：葬。

（40）阤（zài）：崩落。

（41）蒙恬：秦国名将。

（42）鼛（gáo）鼓：大鼓。

（43）辒（wēn）辌（liáng）：古代可供卧息的车。

（44）珉（mín）：似玉的美石。

（45）泐（lè）：石因风化遇水而形成裂纹。

（46）海壖（ruán）：江湖边地。

# 四月

四月初一日，午前入署，饭罢回店歇中觉。起与少珊步出北门，眺观近城诸山。万壑千岩，缭绕于长城左右者，具有云蒸霞蔚之奇。以足力弱无济胜具不能登陟为憾，惟旷览塞外风景，大漠沙尘，长空云鸟，目力所注，几无以穷其边际。回顾城垣，萦山带海，想见古人立功边徼[(1)]，侯封万里，名震四裔者，无不出入于其间。余以一书生游览及此，绝无建拔，百世后，谁复知余在此流连者？念羊太傅[(2)]岘山之言，不禁感慨系之。恐叔父悬望，即与少珊回署，谈至初更，乃出。

初二日，入署早餐，叔父修书十四函，命至京至禾各为分送。并以貂帽檐、建昌绸、京靴、银函、荷包、片袋等物见赐。拜领之余，弥深惭恧[(3)]。午后回店，收束衣物，以待明日回京。向晚入署，漏初下，归就店宿。

初三日，早起入署，叔父已坐以相待。余与少珊拜辞而出，叔亦至店相送，临别依依，不胜眷恋。旋出临榆城，途遇夜雨，纤埃不飞，行四十里至万家店打尖。又行十余里，突见山北黑云翻墨，风雷交作，车子避雨于野店中，饮茶数刻，雨止就道。遥望诸山，岚翠氤氲，淡妆浓抹，并皆佳妙，云际漏日，忽晴忽阴。观望未已，西南阵雨又至，车辙中积水盈寸。时方祈雨，自初一日起，山海关以西，街衢间各以长绳系檐头，络以柳枝，想是一滴杨枝之意，至是而果降甘霖，足征曹门之感应[(4)]矣。又总行五十里至抚宁县城外，宿酒店。

初四日，晨入抚宁县。出自西门，车行山路，不胜欹仄，与少珊步行三四里乃登车。尖后又步行六七里，忽西南风大作，沙土蒙野，四山皆昏不可辨。夕阳西下，至野鸡沱宿店。

初五日，天明登车，巳刻至新店。尖后雇毛驴两口，与少珊跨之而行。一路奇峰怪岭，四面旋绕，足以极岩壑之观。行至坦途，驴忽跪而倒余于地，幸沙土松厚，一无损伤。上驴加鞭，至榛子岭茶饮多时，乃同登车。时天气骤暖，望西而行，日光满车，单衣欲卸。申未至丰润县城外投宿。有携画扇来售者，设色较胜吴门，为择“二乔观兵书”“子期听牙琴”两便面，以索价太昂不得买。

初六日，登车后熟睡良久，至滦家店打尖。又行廿五里抵玉田县，车子就店喂羸，余兄弟因而茶饮多时。傍晚，于风尘中乱行五十里，至别山镇宿店。

初七日，车至邦均打尖。行及枣林，停车茶饮。车子意在趱程，长驱而西，又行六十五里抵燕郊镇，日已西坠，乃宿店。

初八日，登程后车子误入小道，不及打尖，直至东便门口。门者勒索备至，纷争两时许，付以钱一千五百文，而后得行。乍入城门，复有人索钱，从者出，招得钱之人证明，乃已。至德元店卸车，闻礼部已报出百余名，有江苏李汝墧获中一百三十二名，桐乡陆定圃名在五十四。定圃余向所钦服，今果获隽，可知文有定价，若余才疏学浅，宜在孙山之列焉。至晚，街中车马纷驰，报犹未息。余虽不以为屈，然莲池[5]闻江上锣声，名心尚欲一动，余局中人也，能无青云羡鸟飞乎！是日，接庶山表兄三月十四所发安书，知母病全愈，亲族无故，殊深欣慰。是夜饮酒三杯，怅然就寝。

初九日，午前无事，寓中静坐。又于陈宝斋信中，接展庶山二月初十寄苏一信。傍晚，与少珊步至琉璃厂观玩书画，颇少惬意。是夜早睡。

初十日，步至全浙老馆为陆定圃作贺，外出不遇。回至嘉兴会馆，与六桥坐谈良久，雇车而返。少珊拜黄子春于鸭子胡同，至午未回，余乃先饭。俞云幕来辞行，即去。晚至琉璃厂一趟。

十一日，午后少珊出店拜客，余独至庆春园观小祥瑞班演戏。衣冠具而声音笑貌无一可人，正欲行而少珊至，乃看毕而出。又同至前门大街，抵暮归店，见黄子春名片二，已不及晤云。

十二日，午后至同乐园听戏半日。晚与少珊至大栅胡同取对扇，并买杏仁、京靴等物。

十三日，晓起甚寒，交中，雷雨交作，檐溜如绳。想四野沾足，可慰三农之望也。街中黑泥拥靴，行人不能涉足。申刻雨止，尚难行路，张灯即睡。

十四日，街泥已干，至午后，欲与少珊至正阳门买高丽参，适曹六桥到寓，吴门黄子春又来。子春乃翁座师顺天所取士，与余为同门友，彼此倾心，深谈至晚乃去。夜饭后，店中人唤瞎姑唱曲，闻者咸以为佳，余则茫不之省。甚矣，知音之难遇也。

十五日，少珊早起入阁，余偕张仆至西河沿候何亥卿，方知十三日彼已出都。遂自琉璃厂闲步至火德庙前，庙门大开，内见阶除间洁无纤埃，庭树盆花俱可观玩，亦城市中一服清凉散也。饭后，朱小麓之子秋帆挈同年朱药庵，偕至广和楼听戏。回至全丰店同饭，饮酣而归，少珊已熟睡多时矣。案有海靖翁名片，未答。

十六日，早至盛犀林寓，与约廿一日开车，因六桥仍欲回南，遂偕至嘉兴会馆，与彭朗庭（亭？）等改为十八日同行，回时又至犀林寓辞复。午后独至同乐园听福成班唱戏，未终而归。少珊言子春来寓，并代作二铭老师禀稿，已不及晤言。傍晚，与少珊俱至琉璃厂买会墨[(6)]三册。

十七日，写与子春谢札。因少珊不入内阁，欲于午后同听戏于广和楼。是日适值忌辰停演，即归店作书寄山海关，余惟与少珊清谈而已。

十八日，少珊助余运衣装至嘉兴会馆。朱阆鸣与曹六桥同一大车，彭朗亭与石庵同一大车，余雇轿车一乘，张仆侍少珊，依依握别，不觉黯然(7)。午后出南门，行六十里至黄村宿店，时才申初。

十九日，二更后出店，时斜月乍上，行六十里至榆垡打尖。又行六十里至固安城外投宿，时方午正。车子欲放夜站，遂于晚餐后套车，穿固安城而行。

二十日，因上夜车行六十里，寅初至翁家店打尖。又行六十里，息车于雄县南门外，时才午正耳。此后因每日歇店后，同人喜以饮酒、打牌，笔墨多所不便，故归路迢迢，归心如箭，车舟中绝无所纪耳。

## 【笺注】

(1) 边徼（jiào）：边境。

(2) 羊太傅：晋羊佑，其岘山之言为："由来贤达胜士，登此远望，如我与卿者多矣，皆湮灭无闻，使人悲伤。如百岁后有知，魂魄犹应登此也。"

(3) 惭恧（nǜ）：自愧。

(4) 曹门之感应：曹门，唐宋时开封的东城门，因直通山东曹州府得名；民俗学中有所谓"感应律"，旧时天旱，乡民求雨于龙王，称"曹门感应"。

(5) 莲池：明代僧人，为净土宗八祖，出身望族，年轻时学习儒家经典，三十二岁时抛弃功名，决志出家修行，与妻诀别说："恩爱不常，生死莫代，我得出家，你自保重。"

(6) 会墨：选录会试中的考卷，刊印出来给考生示范的八股文集。

(7) 依依握别，不觉黯然：毕槐另有《丙申四月十八日礼闱报罢雁氉南归少珊弟依依握别口占五古一章以慰其意》诗志其事：垂老得一第，孤进思还丹。京华三千里，双飞同羽翰。南宫预文战，冀作扶摇抟。才窘运弥蹇，毷氉驰归鞍。吾弟独留滞，珠桂縻长安。谓将从我返，庶人方在官。（弟以供事在内阁）出处诚有异，去住两为难。徘徊在歧路，对酒不能欢。行行复止止，落日低远峦。云愁暗欲瞑，风悲鸣亦酸。两念郁不解，一言心可宽：弟也年及壮，国之光足观。千里待骥骋，尺水迟龙蟠。守株终燕雀，入班列鹓鸾。彼此一相较，旅食胜家餐。岂若兄驽劣，砚田愁岁寒。但愿叔老健，日归家室完。官舍早迎养，骨肉庆团栾。（珊洲叔以七十之年幕游山海关）青云有前路，白日无永欢。语毕从此逝，挥手涕汍澜。

# 跋

此卷为余丙申岁计偕入京途中逐日所纪游览之地，并及山海关之行至春明[1]诸述。不过往来宴会之常，无暇及于吟咏。第念余一介寒微，于都门无一相识，而海、周、冯、李诸公，由叔及侄，命俦啸侣[2]，无不招共栖栟，俾旅人无岑寂之嗟，晨夕有过从之乐，则所以志诸公之嘉惠者，正不敢忘叔父之余恩也。惜自榆关拜别，余即毷氉[3]南行，至戊戌[4]再往，叔已先十日远赴贵州矣。后至甲辰[5]，三入礼闱，仍然铩羽，终不获一命以为宗族光，深负叔父昔年滋培之至意。回溯山海关之晤，竟成永诀，而余亦白发飘萧，颓然老矣！披阅此卷，不禁哀泪栖睫焉。噫！

咸丰五年乙卯三月二十六日，面山毕槐自跋于泾西书塾，时年七十有二。

**【笺注】**

（1）春明：唐都长安有春明门，后指代京都。

（2）命俦啸侣：命、啸，呼唤；俦、侣，同伴。命俦啸侣，招呼意气相投的人。

（3）毷（mào）氉（sào）：烦恼。

（4）戊戌：道光十八年（1838）。

（5）甲辰：道光二十四年（1844）。

**副文一**

# 七十初度述怀十二律

按：清咸丰三年（1853）五月初七日，是毕槐七十岁寿辰，西溪书塾诸生为他们的老师举办了一场祝寿酒宴。毕槐因一时触动心绪，写下了十二首《七十初度述怀律》。这十二首诗，涵盖了他一生的坎坷经历，可说字字浸透血泪，读来让人唏嘘不已。两年后，亦即咸丰五年（1855）三月二十六日，他翻出十九年前写下的《公车日记》，重读一过，禁不住感慨万千，提笔补写了一篇跋文。跋文流露出的那一种痛心疾首，与两年前写的述怀诗，曲异而工同，同样让人心旌摇荡。

七十二年之后，已是宣统二年（1910），侨居梁溪（无锡）以鬻画为生的毕槐哲孙毕醰甫（心粹），偶检旧簏，发现了先人的三种遗稿，即祖父毕槐的《公车日记》《问月山房诗剩》及曾祖父毕灏的《息影卢诗剩》，将之辑为三卷，冠以《桐乡毕氏遗著》一书刊刻出版。

又经历一百一十年，到公元2020年，当我们发现《公车日记》的文献价值和文学价值，并将之从《遗著》中分离出来，点校笺注，做成一本精致小书的时候，事实上已经挣脱了《遗著》的格局，还原成了它的本来面貌。我们出于本书的题旨，将《遗著》卷三的问月山房诗剩《七十初度述怀十二律》作为《公车日记》一书的副文，收在篇后。就在我们这么做的时候，这两份遗稿之间的内在联系意外地得到了发明：《七十初度述怀十二律》是《公

车日记》一书的诗意表述，而《公车日记》则是《七十初度述怀十二律》的详尽脚注。如此一来，毕槐文字所蕴藏的深层内涵被揭示了出来，也使我们对毕槐其人有了深一层的认识。

## 序

余友毕同年面山先生，学储武库[(1)]，才裕谟觞[(2)]。天启大名盈数派，传于魏国人勤小[(3)]。物懋德泽衍于公，高固已绍燕翼[(4)]之贻，谋称象贤[(5)]之克肖矣。君也幼而岐嶷[(6)]，长更广渊，哦豆萁[(7)]之七步，辨灯盏[(8)]之四声。有时开口，即赋《凤凰》；偶尔拈毫，便成《鹦鹉》。家近殳山基畔，大有仙心；人依顾况台[(9)]边，宏开诗界。南国抡材[(10)]，早入茂才之异等；东京应诏，遂掇孝廉之巍科。读□□□□[(11)]负薪，差强人意；造榜破荒于陈□，实获我心。□□□□，君逾知命矣。念高堂之八十，牵袂依依；望长路之三千，出门惘惘。假令强台[(12)]直上，坚垒[(13)]先登，则庶几毕献长杨之赋[(14)]，亦足稍慰寸草之心。无如饮来墨水红笺[(15)]之名氏，仍虚运落风波[(16)]；白苎之褴衫[(17)]未换瞻马首，而欲噪笑峨眉之勿工。时则令叔珊洲先生，挟策雄关，筹边幕府。君桃花匹骑，成出塞入塞之吟；杏子衫单，经长亭短亭之堠[(18)]。既以苏季[(19)]比儿，怅卅年之梦隔；岂有王家名士[(20)]，不一见而魂消乎。犹忆戊戌礼闱[(21)]之报罢也，北阕俶装[(22)]，南辕返旆[(23)]。联吟驿路，齐看陌上之花；并辔旗亭，竞醉黄垆之酒[(24)]。沥马嘶而晓风戴笠，埘鸡[(25)]叫而残月披衣。共舟车于千里，得酬唱之百篇。自倦鸟投林，穷鱼涸岸，帐有《论衡》之秘，门多奇字之询。闭户构思，君既贞其素履[(26)]；善刀藏拙，仆亦拥夫青毡[(27)]。证同岑之心迹，苔总相依[(28)]；闻空谷之足音，兰为知己。

斯真金石契深，云霞气合矣。今值降寅[29]初度，算亥[30]良期，际大夫致仕之年，赓□□□□之句。计一生之阅历，鲶鱼岂易于上竿；感百岁之光阴，驷马直同于过隙。因赋述怀诗十二章于穷愁落寞之中，寓慷慨激昂之气。始信人间方朔，原是岁精[31]；定知天上郎官[32]，尤推毕宿[33]。傥教和彻云璈[34]，会见青鸾[35]西至；若使吹来玉笛[36]，依然元鹤[37]南飞。看他日，经传伏胜[38]，蒲轮[39]藉鸠杖之扶[40]；想此时，诗播香山[41]，筠管[42]重鸡林之价。

咸丰三年癸丑仲冬初四日年愚弟鹤山李日爔拜手谨序。

【笺注】

（1）武库：《汉书·高帝纪下》：“萧何治未央宫，立东阙、北阙、前殿、武库、大仓。”后常以形容人的学识渊博。

（2）谟觞：唐冯贽《记事珠》：“崇高山下有石室名谟觞，内有仙书无数，方回读书于内。”

（3）此处疑有讹文脱字。强释之：天启，为明熹宗年号；大名，即大名府；盈，疑为人名；勤小，亦疑为人名，即姓勤名小（唐代有勤曾者）。

（4）燕翼：《诗·大雅·文王有声》：“丰水有芑，武王岂不仕？诒厥孙谋，以燕翼子。”毛传：“燕，安；翼，敬也。”孔颖达疏：“思得泽及后人，故遗传其所以顺天下之谋，以敬事之子孙。”陈奂传疏：“诒，遗也。言武王以安敬之谋遗其子孙也。”后以燕翼谓善为子孙谋划。

（5）象贤：谓能效法先人之贤德。

（6）岐嶷：幼年聪明。

（7）豆萁：《世说新语·文学》：“文帝尝令东阿王七步中作诗，不成者行大法。应声便为诗曰：‘煮豆持作羹，漉菽以为汁。其在釜下燃，

豆在釜中泣。本是同根生，相煎何太急！’帝深有惭色。”后以“豆萁才”喻才思敏捷。

（8）灯盏：《旧唐书·杨绾传》：“绾生聪惠，年四岁，处群从中，敏识过人。尝夜宴亲宾，各举座中物以四声呼之，诸宾未言，绾应声指铁灯树曰：‘灯盏柄曲。’众咸异之。”后以“灯盏”为儿童聪颖善诗之典故。

（9）顾况台：长水塘畔有一座殳山，清时半属海宁，半属桐乡，山上有顾况读书台。朱彝尊《鸳鸯湖棹歌》之九十八：“溪上梅花舍后开，市南新酒酦新醅。寻山近有殳基宅，看雪遥登顾况台。”

（10）抡材：选拔人才。

（11）本篇凡标□，均为原刻本如此。

（12）强台：又称荆台、章华台。《战国策·魏策二》：“楚王登强台而望崩山。”《淮南子·道应训》：“吾闻子具于强台者，南望料山，以临方皇，左江而右淮，其乐于死。”

（13）坚垒：湘军曾国藩麾下曹仁美，咸丰十年战于黟县、建德，屡战不利，坚垒与持，后乘其懈而击之，乃胜。

（14）长杨之赋：指杨雄所写的《长杨赋》。此赋以田猎为构架，讽喻汉成帝的荒淫奢侈。

（15）墨水红笺：邓澍六行诗《烧荒》中的句子：“红笺寄语，兰亭墨水。”又，红笺：红色的笺纸，又名浣花笺、松花笺、减样笺，因为薛涛用作诗笺，又称薛涛笺。宋晏殊词：“红笺小字，说尽平生意。”

（16）运落风波：唐薛逢《长安夜雨》：“带雨通宵又彻明，百忧如草雨中生。心关桂玉天难晓，运落风波梦亦惊。压树早鸦飞不散，到窗寒鼓湿无声。当年志气俱消尽，白发新添四五茎。”

（17）白苎之襕衫：细白夏布衫。曹寅《答顾培山见嘲》诗：“黄尘埲塕马蹄劚，五月谁披白苎衫。”

（18）堠（hóu）：记里数的土堆。

（19）苏季：即苏秦。

（20）王家名士：东汉末年至东晋，王家名士辈出，有思想家王述，竹林七贤王融，书圣王羲之等。

（21）戊戌礼闱：戊戌，即道光十八年（1838），李日爔与毕槐一样，参加戊戌科会试落第；礼闱，古代科举考试之会试，因其为礼部主办，故称礼闱。

（22）俶（chù）装：整理行装。

（23）旆（péi）：旌旗。

（24）黄垆之酒：《世说新语·伤逝》："王戎于黄公酒垆前伤怀嵇康、阮籍。"后比喻伤怀往事。

（25）埘鸡：家鸡。

（26）素履：素净的鞋子。比喻质朴无华、清白自守的处事态度。

（27）青毡：指清寒贫困的生活。唐于鹄《过凌霄洞天谒张先生祠》诗："醉卧枕欹树，寒坐展青毡。"

（28）证同岑之心迹，苔总相依：不同的青苔长在同一座山上，喻志同道合。清纪昀《阅微草堂笔记·如是我闻》："惟冀各守门庭，使幽明异路，庶均归宁谧，异苔同岑。"

（29）降寅：虎年出生的本命年。

（30）算亥：计算出生的时辰。

（31）方朔、岁精：东方朔其为人诙谐善辩，相传是岁星的化身。

（32）郎官：帝王侍从官侍郎、中郎、郎中等的统称。

（33）毕宿：十二星座之一，属牛宫，四足为金牛座。

（34）云璈（áo）：古代乐器。

（35）青鸾：三足神鸟，传递信息的使者。李商隐《无题》诗："此去蓬莱无多路，青鸟殷勤为探看。"

（36）吹来玉笛：李白《与史郎中钦听黄鹤楼上吹笛》词："一为迁客去长沙，西望长安不见家。黄鹤楼中吹玉笛，江城五月落《梅花》。"

（37）元鹤：元，通玄，玄即黑，元鹤为两千岁的鹤。

（38）经传伏胜：汉伏胜撰的《尚书大传》。

（39）蒲轮：皇帝所乘之车用蒲草包住轮子。

（40）鸠杖之扶：鸠杖象征长生不老，拄着雕有鸠鸟装饰的拐杖。意为有真本领的伏胜只要长寿，必定会受到皇上三顾茅庐。

（41）杳山：《山海经》说，在燎山东三百里，山上多嘉荣草，多金玉。

（42）筠管：笔管，代指毛笔。

愁中岁月病中身，忽忽光阴七十春。话旧无多同辈在，缔交羞与少年亲。老应恕我惟添懒，壮不如人岂止贫。却荷亲朋为介寿，回思往事怆兹辰。

生来便觉甲辰雌，余生于乾隆四十九年甲辰。堕地年当旱魃时。抚我三雏无失所，念兹二老若为支。家逢寥落分忧少，运值艰难入学迟。因忆承宫能听读，□□□□牧猪儿。

齿及兰成射策年，得令就傅业青编。余年十六，珊洲叔始命余至桐乡，受业于陈璞函夫子。短檠冷坐三更雨，布被寒催五夜眠。孙楚[1]居乡人孰识，仲容[2]入座叔加怜。黉宫小试穿杨技，慈荫依依别后牵。

弱冠僳然事笔耕，寒窗清况足平生。频于故里参吟社，妄向文场斗墨兵。染病身拼疲马力，啼春血渍杜鹃声。二十三年得咯血症。从兹运落风波里，百务颠连瘦骨撑。

欲遣诗魔退病魔，死亡相继酿愁多。尘封菱镜叱鸾凤[3]，风撼椿庭泣蓼莪[4]。曲似九回肠屡断，醉无千日酒如何？父书祖砚空陈几，遥望松楸一啸歌。

棘闱辗转力空殚，弱鸟频思逞羽翰。自觉奔驰无捷径，谁知孤进忽还丹。三千道路心才壮，五十功名[5]兴未阑。不是遂初忘旧赋，欲知捧檄博亲欢。

一时西笑俨骖騑，宫阙巍峨仰帝畿。尽□□□□远志，未丰毛羽怎高飞？者番抱璞含残泪，几欲挥戈挽落晖。跋涉枉添双鬓雪，少年大半已轻肥[6]。

春风一骑走边关，稍喜慈颜慰别颜。丙申礼闱试毕，谒珊洲叔父于山海关监督署中。千里人同惊老瘦，卅年梦不到家山。若非此会生难面，孰意他乡去不还。山海关拜别后，叔往贵州幕，从兹永诀矣。犹记临歧各分手，含悲强制泪潸潸。

幸免孱躯逐汨罗，戊戌入京堕永定河。[7]归来合唱《定风波》。家余长物青毡在，里有畸人白眼多。绕膝儿孙聊慰藉，惊心日月已蹉跎。老犹不死徒增感，未识苍苍意若何。

反复仓皇墨子嗟，世情何啻水漂花。人非粤犬偏惊雪，性比神羊易触邪。莫谓恩仇时拂剑，早将离合悟抟沙[8]。笑他腐鼠频相吓，中散曾飧五色霞[9]。

手携鸠杖出柴荆，吟侣凋伤况旧盟。瓮有浊醪惟独酌，诗无同调倩谁赓？闲中味好寻徐孺，徐春郊表伯有味闲楼。□□交应问竺卿。说与相知容老朽，今须闭户绝将迎。

菖蒲插几称悬弧，贱辰系五月初七日，诸生以仲夏暑热，先一月为余举觞。座有嘉宾半酒徒。性僻无嫌毕骨董，神衰未免吕胡涂。艰危涉世悲前事，慷慨论心剩故吾。甚欲当筵同一醉，玉山倒恐累

人扶。俗以不合时宜为古董。余却犯此忌，因借宋人之称毕良史者以自况尔。

## 【笺注】

（1）孙楚：字子荆，西晋时著名文人，与王济善。济死，楚有知音难遇之叹，因而临尸恸哭，为作驴鸣。《世说新语·伤逝》："孙子荆以有才，少所推服，惟雅敬王武子。武子丧，名士无不至者。子荆后来，临尸恸哭，宾客莫不垂涕。哭毕，向灵床曰：'卿常好我作驴鸣，今我为卿作。'体似真声，宾客皆笑。孙举头曰：'使君辈存，令此人死！'"

（2）仲容：即晋阮咸，与其叔阮籍同为竹林七贤。

（3）吪（é）：鸾死之称。《禽经》："凤靡鸾吪，白鸟瘗之。"尘封菱镜吪鸾凤，指丧妻。

（4）泣蓼莪：蓼莪，《诗经》："蓼蓼者莪，匪莪伊蒿。哀哀父母，生我劬劳。"泣蓼莪，悼亡父母。

（5）五十功名：道光十五年（1835），毕槐参加乙未皇太后万寿恩科乡试中式，这年他已五十一岁。

（6）"跋涉"句：道光十六年（1836）毕槐入京会试，折羽而归。

（7）"戊戌"句：道光十八年（1838）戊戌科，毕槐第二次入京会试。这期间不慎堕永定河，幸被人救起，所以说"幸免孱躯逐汨罗"。

（8）抟沙：把力气花费在虚无缥缈的鬼怪和琐碎繁多的细沙上。比喻徒费心力。此处指博取功名这件事。

（9）中散曾飧五色霞：中散，嵇中散，即嵇康；嵇康崇尚老庄，讲求养生服食之道。五色霞，餐食日霞，指修仙学道。

**副文二**

# 《管庭芬日记》中赴浙江乡试的日记摘抄

按：摘抄《管庭芬日记》中赴浙江乡试的日记，作为对《公车日记》的一种补充。

**道光元年（1821）辛巳登极恩科**

八月初八　晴。晨起漱沐，即往候点头场名，余号舍在字第五。夜有月。

初九　晴。五鼓后题目来。首题“节用而爱人，使民以时”，次题“修身则道立，尊贤则不惑”，三题“大舜有大焉，善与人同，舍己从人，乐取于人以为善，自耕稼陶鱼以至为帝，无非取于人者”。诗题“月照海门秋”得“秋”字。余之四鼓方完卷。夜有月。

初十　晨，晴。交卷归寓。……

十一　晨，晴。即阴。候点二场名。号舍在西吕十九。午刻有雨数阵。夜月色甚淡。四鼓后即传题目纸来。《易经》题“鸿渐于陆，其可用为仪”；《书经》题“三江既入”；《诗经》题“乃慰止，乃左乃右，乃疆乃理，乃宣乃亩”；《春秋》题“五月癸丑，公会晋侯、齐侯、宋公、蔡侯、郑伯、卫子、莒子盟于践土，僖公二十有八年”；《礼记》题“设介僎以象日月，立三宾以象三光”。复命默写头场起讲。

十二　晴。三鼓方完卷。晚有雨。夜微露月。

十三　白露。晨交卷归寓。夜有月。

十四　阴。晨起赴点三场名。号舍在东臣十八，适与周谦谷为邻。午后雨极大，即霁。夜月色澄朗。四鼓后传策题来。第一问曰：“问：治经始于断句，先儒所说一句之中，或分读，或合读，或上属，或下属，往往歧异。如师卦之‘师贞丈人吉’，或以‘贞’字属下读；大畜之‘刚健笃实辉光日新其德’，或以‘其德’属下读；《洪范》之‘时五者来备’，《金滕》之‘公命我勿敢言’或作一句读；《魏风》之‘父曰嗟予子行夙夜无已’或以上五字连读；《大雅》之‘履帝武敏歆’，或以‘敏’字断句；《周颂》之‘彼徂歧矣’，或以‘歧’字属下读；《曲礼》‘是故圣人作为礼以教人’，或作一句读；《月令》之‘鸿雁来宾’，或以‘宾’字属下读；《论语》之‘《书》云孝乎惟孝友于兄弟’或作三句读；‘与友朋共敝之而无憾’，或作一句读；《尔雅》之‘鵅鶀老鳸鴳’，或以‘老’属下读；‘鼨鼠豹文鼮鼠’，或以‘豹文’属上读。能溯其说之所出，而加以论断与？我朝经学昌明，御纂四经，钦定三礼，颁示学宫之日久矣。多士讲习有年，其各举所知以对。”

第二问曰：“问：经典流既久，板本多伪，其字之误者，如《禹贡》‘东迤北会于汇’，今本‘于’误‘为’；《盘庚》‘乃祖先父’，‘先’误‘乃’；《墉风》‘终然允臧’‘然’误‘焉’；《小雅》‘家伯维宰’‘维’误‘冢’；《月令》‘还乃赏公卿诸侯大夫于朝’‘乃’误‘反’；《缁衣》‘章义瘅恶’，‘义’昊‘善’；《左传》‘旦辞左右’‘旦’误‘且’；‘二子孔亦相亲也’，‘二’误‘士’之类是也。其字之衍者，如《礼》‘器飨帝于郊，而风雨寒暑时。’衍‘节’字；《左传》‘不阙秦，焉取之’衍‘若’字、‘将’字；《论语》‘愿车马衣裘’，衍‘轻’字；‘予有乱十人’，衍‘臣’字之类是也。其字之脱者，如《月令》‘乃命虞人，人山行木’，脱‘乃’字；《少仪》‘其未有烛而有后至者’，脱下‘有’字；《缁衣》‘往省括于厥度’，脱‘厥’字之类也。其字之倒者，如《王风》‘羊牛下括’，误作‘牛羊’；《昏仪》‘羲和于射乡’，误作‘乡射’；《左传》‘能者养以之福’，误作‘之以’之类是也。若斯者，能援《正义》《释文》《石经》及宋元旧本以正之与？诸生恭逢稽古右文之盛，盍缕述焉？”

第三问曰：“问：褚少孙补《史记》十篇，见于何书？此外尚有褚氏增入者，并有后人窜入者，能博引以证与？《史记》与《汉书》不同者凡几？史传叙事皆书名，《后汉书》有以字行文者，何篇？陈寿《三国志》推服者诸葛亮甚多，可悉数欤？裴松之《三国志注》采辑极博，凡五十余种，孰存孰逸？《晋书》各传所载表、疏、赋、颂，果其有关系欤？《南史》间有《宋》《齐》《梁》《陈》四史，孰增孰删？《北史》于《魏》《齐》《周》正史，间有改订，于《隋》则全用《隋书》，何也？《隋书》志合记梁陈齐周隋之事，《刘昫传》不言其有功于《唐书》，其搜辑《旧唐书》者何人？能综引博考欤？《新唐书》则删骈体文，采韩柳文，能详指欤？《五代史》有薛欧二家，体例同否？欧史书法谨严，其可议者安在？《宋史》最详，有应为列传而遗留者否？《辽史》《金史》各有疏漏，《元史》与《金》《宋》二史不符，试详言之。《明史》修于皇朝，笔削雒严，大义炳如日星矣。多士通经之余，必兼读史。盍详着于篇？”

第四问曰：“问：《虞书》‘三考黜陟’，《周官》‘三岁诛赏’，察吏之典，至明备也。而后世则有年劳之法。年劳之法与考课同欤？否欤？汉之董仲舒对策，后魏之崔鸿建议，皆言资格用人之非。能举其说欤？京房《考功课吏法》，或讥其以考课之法为一家之学，刘劭作《都官考课法》，而杜恕以为未尽善，何欤？唐卢承庆考内外官，有以宠辱不惊而考上上者，致堂胡氏讥之，谓此如厚貌深情者得以蒙其奸，其故安在？宋之作《考词》十四篇者何人？张方平所言择官保任之法，司马光所言采名不采实之弊，能言之欤？我皇上澄叙官方，劝惩一归至当，既命各省督抚严行甄别，而明目达聪，克知灼见，又洞鉴其生平而进退之。知人安民，

诚一以贯之矣。幸逢郅治之隆，其各抒己见，以觇夙学。”

第五问曰：“问：安民之道，莫先于弥盗。弥盗之法莫善于保甲。成周五甲相保，五比相爱，即保甲所由防。其后齐之轨里连乡，秦之什伍连坐，与周制同否？汉时乡亭之任，有三老、孝弟、力田、亭长、啬夫、游徼，能举其职任欤？其猷为才望卓著者何人？唐有里正、坊正、村正诸名目，其制何别？宋王安石行保甲法，民皆以为不便。司马光上疏罢之，何以明王守仁行之南赣而效乃大着欤？夫城市乡镇之间，民居稠密，稽察易周。至山谷林箐之零畸，庵观寺院之麓杂，客籍棚民，本非土著，商船渔户，停泊靡常，其编查又何道之从欤？国家重熙累洽，皇上保赤诚求，教养备至，海宁乂安，群生乐业，保甲之法，各直省实力奉行，诚除莠安良之善术也。诸生来自田间，其胪陈毋隐。”

中秋　晴。薄暮完卷，余题一律于号壁，曰：“棘园今夜度中秋，月色空蒙露气浮。万丈文光腾矮屋，一天星斗绕崇楼。漏长华烛频摇影，运到朱衣或点头。且酌残醪邀旧雨，谓周谦谷。遥听画角报更筹。”二鼓后监放牌，交卷归寓，已三鼓矣。

九月十七　晚阴。是日得《题名全录》一纸。正榜连广额共一百二十八名……

**道光八年（1828）戊子科**

八月初八　晴。是科刘中丞新例东文场点名，先嘉兴，晚杭府，余于未刻入闱，坐东衣五十二号，州学同号惟硖川傀君大酉一人相谈，更许始寝。

初九　晴。黎明传题目纸来，首题“以服事殷周之德”，次题“诚者非自成己而已也，所以成物也，成己仁也，成物知也”，三题“盈科而后进，放乎四海，有本者如是”，诗题“湖光尽处天容阔”得“天”字。申刻震雷赫然，有急雨即止。余三艺俱于四鼓脱稿，天有微雨，曲肱就寝。

初十　晴。晨誊写闱卷，午刻出场，夜有微月。

十一　薄阴竟日。未刻入场，夜即雨，淋浪之三鼓方住，不能炊煮，号军又甚愚戆，恼闷之极。余坐东乌二十六号，同邑无相识。与金华叶君、仁和金君邂逅中，相谈良久而寝，四鼓初停，即传二场经题来，《易》题“君子以申命行事”，《书》题“若虞机张，往省括于度则释”，诗题“不闻亦式，不见亦人”，《春秋》题“夏齐侯卫侯胥命于蒲（桓公三年）”，《礼记》题“是月也，易关市，来商旅，纳货贿，以便民事”。

十二　薄阴竟日，夜又雨。余五艺至更许脱稿，誊真毕，鸡声三唱矣。

十三　侵晨交卷出场，即至警石师处畅谈，天色凝阴不释，有微雨。

十四　阴，未刻入闱，夜即雨，余坐东李四十四号，与陈鹿宾表侄联坐，相谈二鼓方寝，夜淋浪彻宵。

中秋　秋分节，巳正。黎明传三场策题来。首问《左传》，次问玉牒，三问武功，四问史体，五问农桑。雨竟日不住。更许交卷放牌，回寓已交三鼓矣。

九月十三　雨抵暮方止。是日阅浙江乡试《题名录》，中式九十七名……

### 道光十二年（1832）壬辰补行正科

八月初八　晴。午刻入闱，坐东文场东字四字三十七号，同邑相识有徐庚笙及孙君名复二人。夜有月，不能成寐。四鼓传题来，首题“举贤才，曰焉知贤才而举之，曰举尔所知”。次艺“后世有述焉，吾弗为之矣”。三艺“以遏徂莒，以笃周祜，以对于天下，此文王之勇也”。诗题“因云洒润”得“流”字。涤笔构思，不知东方既白矣。

初九　晴。夜有月。文之三艺之漏四下乃脱稿，知非投时之器，

勉力敲诗而寝。

初十　晴。誊真之未刻乃投卷出场，闱中旋风之异，凡诸生之考帘、监军之竹笠皆卷入云中，盘旋直上，如苍烟一点而没，群鸦鼓噪逐之。且寒气逼人，殊不可耐，而闱外人不知也。夜有月。与查小白及啸山、箓吟、梧君青云街茗饮，画角晓吟，柝更迭报，归寝已二鼓矣。

十一　晴。午刻唱名入场，坐东鞠三十号。喜与王雩门浴沂及桐乡张雪村联合。夜月光渐皎，清谈久之，始息。五鼓传二场经题来，《易经》题"则是天地交万物通也，上下交而其志同也"。《书经》题曰"四曰星辰"，《诗经》题"或来瞻女，载筐及筥，其饷伊黍"。《春秋》题"春，晋侯使韩起来聘，夏，叔弓如晋，昭公二年"。《礼记》题"故君子之于学也，藏焉修焉，息焉游焉"。案今科仅默首场一讲，写破承者为违例。

十二　晴。五艺之四鼓方毕，月光如画，即寝。口占一律，书壁曰："头颅如此已堪怜，南北驱车亦枉然。十志未灰愁下第，一蜚何日竟冲天。奎光照座原无迹，华月当楼渐欲圆。亲老家贫虚禄仕，三条烛尽尚难眠。"

十三　晴。晨补誊经艺毕，午刻欲出闱，复遇旋风之异，散沙飞土，殊复骇人。……

十四　白露，子正。晴。午刻入场，坐西光二十号。同号仅有修川倪姓一人。晚欣遇桐乡张竹髯及面山，一则千里神交，一则频年阔别，各诉积忱，亦颇畅快。夜阴，四鼓后传三场策题来，第一问云："问《易》彖辞不与经文相连，郑注合之，非始王弼。然费直治《易》无章句，徒以《彖》《象》《文言》解经，则经传之合，又岂自康成始。上下经卦有多少？或谓古《易》不分上下经，何说？《虞书》为当日使臣所记，何以曰稽古？《禹谟》何以系以《虞书》？左氏所引《大禹》《皋陶》二谟何以云《夏书》？《洪范》何以着于周册？传引之何以云《尚书》欤？逸诗篇辞存佚不同，何故？唐棣、常棣两物，亦两诗，后儒何以指《唐棣》诗为《小雅·常棣》篇所删，《狸首》《骊驹》诸诗，类能详其所见，若曹子建表云犯诗人胡颜之讥，果何所出？古有夏殷，春秋有百国，《春秋》因云孔子得《百二十国宝书》，若羊舌之所习、申叔之所教，以及不修春秋周燕宋齐之春秋非皆宝书欤？《礼》本末之说不一，朱子谓《记》为正，如典礼言遇与会，何以《周官》异？言聘何以与《王制》异？《王制》言爵禄何以取《孟子》？言巡狩何以取《虞书》？岁三田何以取《公羊》欤？我朝经学昌明，多士研摩有素，其悉举之，以着于篇。”

第二问云：“问：进士之选始自何时？周国子选举，诸侯献贡，皆以德行道艺教于平日，而后扬于王廷，何时改为设科较艺？周贤书拜受三物，宾兴皆以恭敬礼貌敦于有司，而后达于天子，何时荐自州长乡人？汉制贤良孝廉得人为最，迨限年复试例典，九品官人法立而选士之制变，唐诸科并设，进士为重，宋元明因之。试春官何时有定所？试殿前何时为常制？试棘闱何时为故事？试诗赋策论何时加以经义？其间或兼用，或专用，能备详其所自欤？至于糊名易书、封印卷首之法，传义、匿服、冒亥、挟书、秉烛之禁，避亲移试、随侍就试之条，三岁一举，廷试不黜，唱名及第，赐宴琼林之典，科旨既繁，时代宜悉，倘或苦其严重，遂不慎其防维，岂士之所以自爱欤？夫贤才皆资世用，用里选则由里选出，用科目则由科目出，士人既由科目出身，可不思端志洁身以求进于道欤？方令圣世，人文蔚起，士习日端，诸生其抒所见闻以对。”

第三问云：“问：亲民之官莫如守，与民最亲者莫如令，汉史传循吏甚悉而令长不详，何也？唐以来或轻判史之责，或改藩镇之権付郡守，或收郡守之权归大吏，其得失安在？《汉书》不及文帝时循吏，何故？外此或以历官显而见遗，或以用法峻而不录，或宜入传而不入，岂爱憎之多私，抑记载之失实欤？唐初刺史疏名于屏风，县令悉策于内廷，吏治何以不逮两汉？宋以文臣

知州，人以朝臣强干者出为知县，故治积尤茂，其以偏端见者或不阿权贵，或尽心教课，或不肯虐民而爱一官，彰彰可举。明代以守令初授时赐路费以养廉，来朝必谕以除弊兴利，其时人思自奋，不愧循称，最著者谁欤？盖欲多循吏，必先久任，继以举廉，若以廉未非卓绝之行，则虞之设教何以曰简而廉？周之计吏何以曰弊以廉欤？我国家纲纪肃清，官方澄叙，学古入官者宜何如博稽载籍，求澄源端木之方，以期通经而致用哉。”

第四问云：“问：周官任民施教，纠慝诛邪，见于《太宰》《司徒》与《党正》《乡师》者备矣，而八成之治特详《士师》，所以杜微绝萌也。野庐、修闾密于巡防，司属、司寤警于窃发，厥职綦详，何至汉作《沈命法》而徒以急捕为事欤？盖周法防之于先，汉法缉之于后，于是有以诛为弭者，有以用为弭者，有以散以抚为弭者，治术不同，成效可睹，而善治盗者亦不一其人。夫百姓衣食有余，自不为盗，安用重法，若唐刘潼、王式、崔安潜之招谕扶绥，不务严连，虽任术而意未漓。宋名臣言招降与穷治兼施，亦不能无贻后虑，然则何者宜剿？何者宜抚？何者宜用正兵？何者宜用团练？贵审其机以行之，而欲禁于未然，尤在守令之官力行保甲，今将使奸诈屏息，邪慝不兴，乐为善良，远于匪僻，其奚以酌古准今，申明其故事成令，俾勿视为具文欤？皇上训谕有司，以经正民兴之要。诸生盍详陈之，用觇所蕴。”

第五问云：“问：自古受田而耕，藏富闾阎，不事代谋储蓄，乃《周礼》既有仓人掌粟入之藏，又有遗人掌邦之委积，何也？平籴、平准诸法，常平、义社诸仓，利民之意，其在罢民之弊宜除，惟民自司其出入，相年岁而度缓急之宜，庶为有济，若从置于州县以供支用，其贷于民者又为里胥诈冒苛求，至有借一石者偿数十石，而不足借一年者偿十数年而未休，岂所称良法失意欤？隋唐以后名实相副，若宋之广惠，明之预备、济农，其建置立法可悉举欤？两浙仓贮最为周备，昔苏轼救饥祗用出籴常平米一事，其策何若？丁大荣之建天台助济仓，所称用心及物者，何若？明代如秀水复礼乡之建义仓，常山之建义社，皆以春散秋敛，岁率为常，所以平丰歉之候、贫富之情、农贾之价者何若？所以杜守支出纳之害者又何若？圣天子轸念民依，屡饬大吏稽察诸仓实贮，多士来自田间，曷综前代之法而胪陈之。”

中秋　晴。晚明。申刻五策成，薄暮出场，夜雷雨甚大，更许方止。

九月十四　晴。夜有月。是日接《题名录》一纸，本省中式九十七名……

**道光十四年（1834）甲午科**

八月初八　晴。晨于贡院内幸晤桐乡张竹髯、毕面山二知己，略谈片刻。余午后入场，坐东文场推字廿四号。同号乡人仅梁、蒋二君，亦非深交者。是夜出题甚早，三鼓后即传题纸来。首题“绘事后素曰礼后乎”，次题“发强刚毅足以有执也”，三题“胶鬲举于鱼盐之中，管夷吾举于士”，诗题“云开雁路长”得“长”字，即构思不寐。

初九　晴。构思竟日，至三鼓方脱稿。夜有月。口占一律曰：“年年忙底事，一笑又秋闱。笔墨知无补，蛟龙或肯飞。奎光腾古月，灏气接灵旗。莫说会心事，岑楼爱夕辉。”

初十　晴。侵晨誊改三艺至未刻出场。夜有微月。中宵又雨声骤作。

十一　晨雨幸即止，午后入闱，坐东文场恭字六十一号，通号无宁邑友，与嘉兴盛君霭人谈久之，乃方寝。三鼓传经题来，《易》题“后世圣人易之以书契”，《书》题“惟衣裳在笥”，《诗》题“读书食则齐豆去席尺”。

十二　晴。作经艺三篇，誊真后又构二艺，三鼓矣。夜色皎然。天明完卷。

十三　晴。辰刻交卷出场，散步青云街。夜有月。

十四　晴。午刻入闱，坐东文场至字十五号。同邑无人，幸遇嘉兴孙蔼绿兄，亦为一快。三鼓传策题来。第一问云："问：汉人说经专尚训诂，训诂者义理所由明也。《易・干象传》'大哉干元'阳故称大。《坤彖传》'光大光华'，万物为大。《丰彖传》曰'尚大也'，得其盛位谓之大。数大字义训各殊，其论发自何人？能析言之欤？《诗・清庙》篇'于穆清庙'，正义云：肃然清静之谓。《左传》桓公二年传疏则云：清者，宗庙之大称。孰为优欤？《临彖传》云：大亨以正，天之道也。《无妄彖传》云：大亨以正，天之命也。或谓命犹道也，见于何书？《诗・敬之》篇'学有缉熙于光明'，传云：光，广也。《左传》昭二十八年传'光有天下'，注云：光，大也。光有广大二训，可类证欤？《书・洛诰》'公其以予万亿年敬天之休'，传云：十千曰万，十万曰亿。又有以数万至万为亿及万万为亿者，其说可得闻欤？《穀梁》桓三年传：五谷皆熟曰有年。又宣十六年传：五谷大熟为大有年。此年字有数训，能详述欤？盛朝经学昌明，超越前古，多士学有本原，其悉述所闻，着于篇。"

第二问云："问：官制始于黄帝，唐虞官百，夏商官倍，周人三百六十而官制大备矣。《明堂位》言四代官制与《周官》不合，何欤？《周礼・大宗伯》以九仪之命正邦国之位，至后周作九命，每命为二，则已变周制矣。魏置九品，其后有十品、十八品、二十四品之等，不嫌其繁乎？汉建三公与周异，后又两变，其名可悉数欤？秦分爵为二十等，汉爵惟三等，其繁简何以不同？汉尚书五曹所主何事？其后分为六曹，何义？晋六曹凡二变，其以吏户礼兵刑工为六曹始于何时？北齐又有七曹，其名可得闻欤？唐太宗省内外官，定制云何？开元中刊定职次，着为格令。宋有班簿，有具员之名，即《汉官仪》官簿之制欤？官制有古小而今大，有古尊而今卑，有古重而今轻，有古简而今繁，可历言其得失欤？

夫省官不如省事，然官冗则事亦不可得而省。我皇上慎简官僚，敕使各省大吏裁汰冗员，所以官得其职而庶事咸康也。诸生其条举以对。”

第三问云：“问：立政之道贵在民风，民风之正倡于士习。西汉尚经术，其弊也嫁阿以媚世；东汉上气节，其弊也标榜以争名。《崇实》《崇有》，其论韪矣而不能熄两晋之清谈；《原道》《原性》，其论精矣而不能立三唐之师教。道学之名始于宋而关濂伊洛各立宗传，讲学之风盛于明而齐楚浙闽互相倾轧，将正德厚生之训、敦信修睦之行不逮于三代欤？抑风俗之递降关乎世运欤？夫士者，斯民之模楷，师者，多士之仪型。胡瑗苏湖之教，朱子鹿洞之规，皆儒者立身行政之大纲也，乃或师儒之官且先利而后义，庠塾之士遂遗实而务名，如此而欲民心之正、民俗之淳也，其道何由？先儒有言，朝廷有教化则士人有廉耻，士人有廉耻则天下有风俗。我朝崇儒重道，隆于三代。近奉上谕谆谆以整饬士习、变化民风为为政之先务，诸生秉德植行，出则思建功名于天下，处则思熏善良于一乡，其慎思以对。”

第四问，“问：太昊铸币以权百物而钱法始兴，至太公立九府圜法而钱始有式。李奇解圜法曰：圜即钱也，圜一寸而重九两。师古非之，举《周官》九府为证，其义安在欤？汉铸白金三品，有八两、重差、复小椭之异，可悉数欤？古今钱之重有当千者，有当五百者，有直百者，有当五十者，又有两柱比轮之目，八铢四铢之分，可别其类欤？唐钱文有八分、隶、篆三体，宋钱文有真、草、行三条，其式若何？黄金白金以制钱价，其在于古有可征欤？古一金以一斤制币，后以一两为一金何义？《汉·志》注仟谓千钱，佰为百钱。唐自皇甫鎛为垫钱法，后乃定八十为百。后汉隐帝时又减三钱以七十七为百钱，佰之省果始于此欤？唐之飞钱，宋之交子，昉于何代？梁有《泉谱》，宋有《泉志》，着于谁氏？贾谊七福之疏，刘秩四美之论，可悉数欤？我朝钱法得中，出入以制，

其拨运也有定程，其熔铸也有定式，诸生其博考以对。”

第五问，“问云：两浙建置，以水得名，顾《汉书》《说文》有浙江又有渐江，周秦古书或言浙江，不言渐江，《水经》则但有渐江而无浙江，何者为是？《禹贡》三江惟言北江、中江，班固始表南江之名，后儒聚讼，或以浙江当南江，其证安在？《水经注》言浙江自建德东经寿昌县。寿昌在严州西，南江已入自淳安，何又东经寿昌？桑钦言江北过余杭，不临水，且据《咸淳临安志》，余杭新故二城在苕溪之南北，何以为江水所经？郦道元又言浙江东径乌伤县北，乌伤于唐时改义乌，地在诸暨之南，江水何以得径其北？班氏《地理志》渐江之外有谷水，《水经注·渐江》篇中亦载之，果相合欤？诸生生长是邦，溯游上下，证今援古，习于见闻，其详悉原委以对。”

十五　中秋节。黎明即雨，竟日凝阴。余对策誊至薄暮方毕。交卷出场，月黑泥泞，虚此佳节矣。

九月十五　阴，微雨即止。是日阅《题名全录》，正榜九十六名……

**道光十五年（1838）乙未皇后六旬圣寿恩科**

八月初六　晴。燠甚。巳刻入艮山门抵埠，即寓青云街市楼，与石门友人马桂塘、赋梅、胡二桥同寓，推窗正对宝石山，与保叔塔可相揖让也。夜有月。是日主试入帘甚早，不及观正主试。

初七　晴。知深庐夫子亦感寒疾，晨往候，午后过一斋、秀峰诸寓。夜有月，即掩。时监临乌中丞名尔恭额场规甚整肃，并严绝誊录之弊，亦寒士之幸也。

初八　侵晨有雨即止。余午刻入闱，坐西慕十二号，有二人，则非相识者。申刻复雨，入夜如注。四鼓三点传书题来。首题“不知命无以为君子也，不知礼无以立也”，次题“博厚则高明，博厚所以载物也，高明所以覆物也”，三题“《书》曰天降下民，作之君，作之师，惟曰其助上帝”，诗题“满山寒叶雨声来”得“秋”字八韵。

初九　零雨不住。余体甚不适，率笔直草三艺，更余脱稿，知非投时之器，怅怅而寝。奈湿气侵人，终宵未能成寐。

初十　阴，侵晨作诗一首，即誊三艺，寒热交作，申刻方能出场。夜又雨淋浪彻宵。

十一　阴雨。午刻入场，雨稍止。坐东莫二号，邑友无。与石门赵君秉钧、秀水金君鸿铭萍踪颇为契合。夜雨势转甚，天明不能绝点，三更二点传经题来。《易》题“兑正秋也，万物之所说也”，《书》题“肇十有二州，封十有二山”，《诗》题“中田有庐，疆有瓜”，《春秋》题“郑伯以璧假许田，桓公元年”，《礼记》题“蛾子时术之”。余剪烛作《易》艺一篇即寝。

十二　阴雨，入夜转甚。余体极疲倦，力不能支，率草四艺至三鼓即寝，胸膈甚闷，殊难安枕耳。

十三　阴。午初誊毕出场，寒热又作。夜雨复如注。

十四　雨甚大，幸午刻入场时其势稍减，坐西夹道染字二十六号，同邑仅有朱君炳麟一人。夜二鼓一点传策题，第一问云：“问：汉儒治经各有师承，惟郑康成兼通诸经，义尤大备。郑氏言《易》主爻辰，其取象有三例，能悉数其说欤？其注《尚书》多与孔氏异，若、文祖、盘庚、三帛、五宅、十二章、十二师、三监、三毫、播时、祥刑之类，其义若何？至其笺《诗》，尤多改字，或本于鲁、韩《诗》说，或古文音义相通，试分析疏证之。《世说》称郑注《春秋传》未成，尽以与服虔，为服氏注，今其单辞只义，尚散见于群书者否？郑氏之学于三《礼》最精，而王肃驳之，后又有讥其三误者何人？郑注《礼》有与说《易》笺《诗》异者，有引汉法者，有引齐语者。注《周礼》多引故事，注《仪礼》多引古文。又有所引之书未知出何者，可偻指之欤？《论语》郑注能条辨其异义否？《孝经》郑氏注与注五经不同，邢昺谓非康成

注，其验有十二，果何人所作欤？《尔雅》北辰，郑说与郭注异义，孰为优？圣朝经学昌明，多士皆研精古训，盍以夙昔所诵习者备着于篇。”

第二问云，“问：修史莫难于志，司马迁《史记》，自《礼》《乐》至《平准》八书，班固易为十志，其所增者果足补《史记》所未备欤？《汉书·天文志》《后汉书》十志，补其缺者何人？为之注解者孰优？《地理志》一也，《汉书》每载山川，《辽史》喜谈沿革，《唐书》《金史》并详土贡物产，其体果孰优欤？《汉书》创《艺文志》，《隋书》因有《经籍志》，新旧《唐书》皆有《艺文志》而他史则缺焉，其是非若何？房乔等修《晋书》，其天文、地理、图籍等志系何人分纂？沈约《宋书》凡损益前史诸志为八门，后人有讥其乖谬疏略者，何欤？萧子显《齐书》十一志，驰骋更改，破析尤多，能略指其失欤？梁陈二书、《北齐书》《周书》皆无志，李淳风等所修十志何以专入《隋书》欤？唐宋辽金元增选举、兵制二志，果增所当增欤？至若志符瑞、志灵征、释老，体例不尤乖舛欤？学者研经之余，进而读史，将以备国家承明著作之选。其各抒所见以觇学识焉。”

第三问云：“问：《虞书》三载考绩，《周官》六计尚廉，考课之法，昉于此矣。汉刺史以六条察吏，三公掌四方功课，果得内外相维之道欤？后魏景明考格与太和之制不同，孰得孰失？唐遣使黜陟天下，果常行之欤？陆贽请以八计听吏治，能详其目否？《尚书考功簿》《考功状绩簿》二书载《唐·艺文志》，撰者何人？宋置审官院、考课院，后又置审官西院，其制若何？复有特命重臣磨勘者何代？司马光举按官吏八条，请仿而行之者谁欤？金天眷中黜陟诸吏凡若干人，元承金制，以五事考守令，后增为六事，其异同增损者何条？明以三等考课殿最，果足昭激劝欤？厥后王治疏饬吏治三事，王祯等条陈考察六条，果见诸施行欤？我皇上勤求上理，澄叙官方，近复申命内外大吏，各察其属之贤否，以时举劾，学古入官者可弗讲求实用，以为拜献之资乎？”

第四问曰：“问：《周官》设遗人、廪人，实为仓储所，汉耿寿昌常平之制本于平籴，诚足以利农利民，至晋齐不废，后魏明帝内收兵资，积为边备，定和籴之制，北齐令诸州郡筑富人仓，准谷贵贱以粜籴之，其法果相因欤？义仓之设，或造仓于当社，或改置于州县，其利弊若何？隋之黎阳、河阳、常平、广通诸仓置于何地？唐初常平义仓原以恤民，其后或假仓以给他费，或置库以蓄本钱，能详其时代欤？宋广惠仓何人请建？常平之政初设提举官，建炎初并归提刑司，旋复诸路常平官，诏何人讨论其法？朱子踵常平而为社仓，规模制度具有条理，果何以而称至善欤？夫立仓所以救民也，自和籴之法行，已不如平籴之善，而熙丰之后又有结籴、俵籴、均籴、博籴、兑籴、括籴等名，能略言其弊欤？皇上念切民依，邵农重谷，薄海内外咸被润泽而大丰美矣。诸生来自田间，其详考旧章以对。”

第五问云：“问：天生五材，谁能去兵，四方虽安，不可以忘战。古者搜苗猕狩，既与农隙以讲事，又出而治兵，入而振旅，《公羊传》所谓修教明谕者此也。搜田之礼，《诗·车攻》注与《穀梁传》文小异，何不见于周官欤？汉用五縢之制，唐行三驱之典，果先王之遗意欤？简阅之时，《汉书·刑法志》与何休说何以不同？汉都试之期，或谓在十月，或谓在立秋，或谓在八月，而《东京赋》又称仲冬大阅，何欤？讲武之地，汉有讲武场，魏在东郊，晋宋齐梁则或于南北郊，或于宣武堂，或于乐游苑。唐宋以来代易其地，能类举欤？夫军不习练，百不当一，故《司马法》有六德之文，李靖有三等之议，必其三官不谬、五教不乱者乃为制胜之师，则五练之法洵为要论也。圣天子仁育群生，义征不譓，八旗劲旅如貔，固已士尽知方，师占贞吉矣，犹复亲临校射，训谕周详，俾旗门羽林，皆遵节俭，不诚久安长治之规哉。”

右五策余力疾竟终夜之力，天明皆脱稿。

十五　中秋，体甚不适，雨甚大，匆匆誊至申刻出场，归寓即梦（蒙）被而卧。

九月十三　晴。揭晓，余虽康了依然，而吾宁得捷五人，石泾好友毕君面山亦报捷，为之启颜。夜有月。

**咸丰元年（1851）辛亥登极恩科**

八月初八　晴。午后点名入场，坐西尽十四号，同号无相识之人。夜有月，燠甚。四鼓三点传题纸来，首艺“必也射乎，揖让而升，下而饮”，次艺“思事亲，不可以不知人”，三艺“子男五十里，凡四等；不能五十里，不达于天子，附于诸侯，曰附庸。天子之卿受地视侯，大夫受地视伯，元士受地视子男”，诗题“川广自源”得“先”字。

初九　晴。文至二鼓皆脱稿。补作一诗而寝。有月。

初十　晴。巳刻誊竣出场。夜有月。

十一　晴。午后入场，坐西字三十五号，已有诸暨俞君在焉，视其卷，与余坐号相同，急偕白中丞常南陔先生，命巡绰官易三十一空号，属予坐焉。夜有月。四鼓五点接题纸，《易》艺“六四樽酒簋贰用缶，纳约自牖”，《书》艺“三江既入，震泽厎定”，《诗》“既齐既稷，既匡既敕”，《春秋》艺“纪子伯莒子盟于密，隐公二年”，《礼记》艺“室事交乎户，堂事交乎阶，质明而始行事”。

十二　晴。燠不可耐，汗流竟夕。文至二鼓皆脱稿，即寝。月色甚佳。

十三　白露节，申初。薄阴。辰刻誊竣出场，六公及楞公、萃云俱来晤。夜有月。

十四　晴。寓后街，灾警，彷徨久之。午后入场，坐东珠十号。晚阴有小雨。四鼓三点传题来，第一问云：“问：《周礼》有故书，故书尽古文欤？郑康成注引杜子春、郑大夫、郑司农说，而独不及马融传，何欤？注中或有羼入马注者，亦有羼入干宝注者，能条举欤？马氏传间见于贾疏，干宝注虽不及马氏之确然，亦足征古义，其说详于何书？郑注每举汉法以况义，贾疏不能悉指其实际，赖王氏《汉制考》亦多未备，能博举他书以证之欤？郑注《仪礼》，参用古文今文，其例若何？十七篇中或有记，或有传，能明其义欤？《仪礼》正经亦名《曲礼》见于何书？《檀弓》为六国时人作，《王制》为汉博士作，何以证之？《月令》一篇注引今《月令》者不一，其果为《吕氏春秋》欤？《缁衣》篇论者谓非孔子时语，其信然欤？郑注三《礼》，所据各经每与今本互异，能悉数之欤？皇上讲求典礼，广大精微，多士考核有年，其以素所谛审者着于篇。”

第二问云：“问：江淹云修史之难无出于志，顾同一志也，而称名各别，曰书曰意曰典曰录曰说，能备举欤？《汉书·天文志》何人所作？《艺文志》注或云入，或云出，或云省，其例若何？《五行志》不无抵牾，能于四科之外纠其谬欤？《后汉书》八志何人所补？其志亦非出一人之手，能晰举欤？《宋书·志》论者谓其失于限断，信欤？《魏书·天象志》宋时已缺，今本所有或云是张太素书，有明证欤？《地形志》不取太和全盛之规，转录武定分裂之制，何欤？《隋·经籍志》区分四部，盖仿《中经簿》而作，然其间亦有不尽依荀勖者，能悉数欤？《唐·艺文志》于《隋书》八十五卷下别出志三十卷，究与《五代史志》是一是二？郑樵《通志》二十略，或自出己见，或援据旧章，能分别言之欤？皇上念深典学，以古为鉴，留心乙部者，其条举以对。”

第三问云：“问：道学之名，始于宋代，前此未之闻也。然汉廷醇儒首推贾、董，其体用之大者安在？若卢子干之风烈，郑康成之名德，世所共推，或以章句小之，何欤？朱子谓韩文公因文见道，其《原道》《原性》诸篇视贾、董何如？李翱之《复性书》，视《原道》《原性》又何如？能得其宗旨欤？《宋史》以周、程、

张、邵、朱、张七子为道学，凡能嗣统绪者皆得附列，其次第若何？周子《太极图说》，程子《定性书》《识仁说》，言近指远，能约举其要欤？张子《东铭》《西铭》并着，程门专称《西铭》而不及《东铭》，朱子序《大学》《中庸》，以二程子继孟氏之统，而不及三子，其故何欤？程门游、杨并称，朱门黄、李并称，果孰为优欤？浙省何、王、金、许四贤皆得朱子正宗，其渊源可追溯欤？前明如叶仪、范祖干诸人各有心得，要皆无背乎程朱之学，能切言其实欤？圣天子机余典学，缉悉光明，诸生幸荷甄陶，其各举所自得者以对。”

第四问：“问：历代循吏，首推两汉，由牧守为三公者至众，其能奉宣德意者何人？尹京兆者，史称赵、张、三王，果孰为优欤？韩延寿以礼让为国，张敞以经术为治，若此之类，能广举欤？光武即位，先访求卓武茂，其意若何？鲁恭平东州群盗，与龚遂之治渤海，尹翁归之治东海，宽猛互异，能言其故欤？孟尝、羊续辈皆以廉洁称，其政绩亦卓越流俗，然则有为必本于有守欤？朱子作《纲目》，于县令独推王涣、陈寔，何欤？唐贞观初，循吏首称薛、贾，同时有治名者几人？可备述欤？宋刘子澄之论民书、颜师鲁之论浙西围筑疏、杨敬仲之论志，最急者五，其次者八，能举其要欤？元季吏治纵驰，至明太祖刻绳贪吏而循良辈出，其秩满奏留者不一，能悉数欤？若叶宗行为钱塘令，万观为严州令，李信圭为处州守，治行载在史册，能详言之欤？皇上整饬吏治，诸生学优则仕，其以素所乡慕者着于篇。”

第五问：“问：浙省东西十一郡，滨大海者六府，海之北岸南岸皆有塘以捍海潮，而北岸之塘较之南岸所关尤重，何欤？或为草塘，或为土塘，或为石塘，或为贴石土塘，或为乱石土塘，能析言其地欤？杭郡之海为之流，何以较濒临大洋者危险更甚？盐官捍海塘，始于何时？《宋·志》何以有盐塘、淡塘之分？嘉兴之海盐、平湖二邑何以工称最险？绍兴海塘绵亘五县，山阴、会稽之后海塘延袤百里，其界画若何？上虞石塘素称完固者何地，能确指欤？慈溪有二塘，象山亦有二塘，筑于何代？台州之塘不一而足，如健阳、丁进、洪辅之属，能悉数其名欤？温郡塘工，孰为最巨？乐清筑塘以处苔山之民，能详其所自始欤？或谓温、台二府蓄泄之利多，卫决之患少，有明征欤？皇上勤求民瘼，于海塘河工尤深廑念，生斯土者见闻熟矣，其详悉言之。”

十五　中秋。阴晴无定。余策至申未俱誊毕出场。夜有小雨，无月，怅然而寝。

又八月十二　薄阴，夜见淡月。是日，揭晓，吾邑中式七人……今科惟陈、吴二君，为予旧友，学问素所推服，余则总归之命运矣。

十四　阴雨如昨。心殊郁郁，因占律句云：“郁郁衷怀枉自怜，衰残何必问青天。丰年不饱同方朔，壮岁工愁托杜鹃。功业已虚歌剩铗，韶光易迈箭离弦。长安鼎鼎多新贵，大半勋名兔册传。”

**咸丰二年（1852）壬子科**

八月初八　晴。午刻入闱，坐东丽字四十五号，同号仅梅里友王君春渔一人。晚阴，中宵有小雨即止。五鼓后传题来，首艺：“知者不失人，亦不失言”，次艺“所求乎子以事父，未能也，所求乎臣以事君，未能也”，三艺“是地利不如人和也”，诗题“红蓼花前水驿秋”，得“秋”字八韵。

初九　阴晴无定。余文至更许脱稿，誊真二篇而寝。中宵月色皎然。

初十　秋分节，卯正。晴。辰刻誊卷毕出场。夜有月。

十一　晴。午后入场，坐西敢字三十二号，号中燠甚，生沐以微疾不接卷先归。夜有月。四更三点传题来。《易经》题“天地之大德曰生”，《书经》题“归马于华山之阳，放牛于桃林之野”，《诗经》题“蒹葭苍苍，白露为霜，所谓伊人，在水一方，遡洄从之，道阻且长，遡游从之，宛在水中央”，《春秋》题“戍

郑虎牢，襄公十年”，《礼记》题“良工之子，必学为箕”。

十二　晴。余经艺早竣，至三鼓已誊真其四，稍就枕，已传晓角矣。月色甚澄明。

十三　薄阴。晨毕事出场。夜有淡月，中宵微雨即止。

十四　阴雨。侵晨之西来山房，即返。午后入场，坐西与字十二号。四鼓初点传题来。第一问云：“问：《说文》为解字之书，经义所藉以明也，而所引经传多与今文不同，如《周易》‘百谷草木丽乎土’为‘草木麗乎地’，‘服牛乘马’为‘犕牛乘马’，‘夕惕若厉’为‘夕惕若夤’，以及‘需有衣絮’‘其文斐也’之类，音义之同类可辨晰欤？《书》‘畎浍’之为‘〈《’，‘窜’之为‘竄’，‘憸人’之为‘譣人’，‘属妇’之为‘嫋妇’，其字本训若何？《诗》‘在河之洲’‘安得萱草’‘江有汜’‘江之羕矣’之类，与今者凡数十句，能覼缕言之欤？《周礼》‘夏篆’作‘夏軳’，《左传》‘芟夷’作‘癹夷’，《论语》‘食气’作‘食既’，《孟子》‘接淅’作‘滰淅’，能于诸书中再为详证欤？又有同引一书而其文互异者，如‘的颡’之作‘旳颡’，又作‘馰颡’也，‘氄毛’之作‘毴毛’，又作‘褎’，‘几几’作‘己己’，又作‘掔掔’也，此类尚多，能博加征引否？有引《周书》为今本所无者，有《诗》所无而见于《尔雅》者，能条举其辞否？学者恭逢盛世，讲明音训以求合古义，非穷经之先务乎？”

第二问云：“问：历代正史镜古之资，而其间疏漏亦有难免者，司马迁旷代逸才，论者谓其是非颇谬于圣人，其弊安在？二刘作《两汉刊误补遗》，开其先者何书？其指摘犹有未尽者，能撮举一二欤？《晋书》讹最甚，如戴若思举孝廉，又云举秀才；丁邵又作丁绍；段就六卷又作段疾六卷，又作段卷，能详纠其失欤？《南史》有与宋、齐、梁书互异者何事？《北史》于齐东平王之封一事两见，年月不同。新旧《唐书》亦多互异之处，如第五琦为租庸使，或以为明皇所命，或以为肃宗所命；张仲武之与张绛，或以为一人，或以为二人，当以何者为是？《宋史》《辽史》并脱脱监修，而岁币称纳，彼此抵牾，何欤？《元史》列传有速不台，又有雪不台，有完者都，又有完者拔都，非一人重出欤？皇朝纂修《明史》，是非予夺，一秉至公，诸生日读乙部之书，将以备三长之选也，盍扬榷言之。”

第三问云：“问：古无道学之名也，自《宋史》为七子立传，而及门私淑者各以渊源附列，能一一详其统绪欤？道学至朱子已极醇备，其后别出者又有永嘉之学、姚江之学，二者皆浙产也，永嘉之学倡自吕祖谦，从而和之者何人？或以其学涉于事功为疑，然事功主于经世，功利主于自私，二者果可混而同欤？姚江之学，王阳明实开其教，人专以致良知为主，而谓朱子《集注》《或问》乃中年未定之说，持论果能无弊欤？王畿、王艮之徒传之，愈失其真，其源流得失之故可悉数欤？至若王、何、金、许世称‘金华四先生’者，皆醇固笃实，所学一本于朱子，传之有明，范祖干、叶仪诸人犹确守其矩范，所著之书具在，能约举其目欤？刘念台立朝矫矫，大节无亏，其讲学宗旨若何？士生乡里间，闻见最亲，尚胪陈之，用副圣天子崇儒阐学之至意焉。”

第四问云：“问：古者铸钱之法，轻重适中方为便民利国，自周景王铸大钱，废轻作重，后如蜀之直百，吴之当千，皆失之重。汉初更置荚钱，改重为轻，后如魏之鹅眼，宋之荇叶，皆失之轻，钱法之弊，莫甚于畸轻畸重，其载在史书者，盍详数之？汉元狩间更造钱币，至以白鹿皮为币，魏文帝罢五铢钱，使百姓以穀帛为市，能通行否？钞法盛于宋之交、会，其置务在于何地？改引在于何时？绍兴中印造关子何说？金有交钞，后易为宝券，名曰珍货，其间变置若何？元初有行用钞，又造中统宝钞，又造至元钞，复有罢银钞之诏，终元之世，钞法盖屡变矣。明洪武间，令中书省造皇明宝钞，以钞折银折钱，成化时犹令中外并收钱钞，其持行钞之议，能详言之欤？我朝府事交修，权衡至当，凡所以

为民生计者至深且远，多士讲求有素，各举所闻者着于篇。”

第五问云：“问：《禹贡》州末贡道为漕运所由昉，汉兴转漕关东粟，岁不过数十万石，孝武时至六百万石，岂不以诸侯王之势渐削漕运始广欤？郑当时、萧望之、耿寿昌所论具在，能备举其说否？魏开广漕渠，隋开广通渠，行之者何人？其利安在？唐都关中，专仰江淮之粟，其始亦止二十万石，嗣后岁渐增多，果开国时食用易赡欤？抑其利害专与府兵相消长欤？刘晏议行般运为制若何？宋室之漕分为四路，所历河道何以汴为最重？初用转般，后乃直达，变法始于何人？《元史》所载有河西务、京、通诸仓，自伯颜创为海运，史称其便，明初海陆兼运，其后运河成而海运罢，然昔人往往力陈其利，其说有可采否？漕粮为天庾正供，皇上廑念军民河运岁以为常，而以海运通其变，夫在河，奚以免阻滞之虞，在海，奚以避风涛之险？有能熟悉利弊者详覆以对。”

十五　中秋。阴晴无定。余策至薄晚誊毕，终场夜步月之三鼓归寓而寝。

九月十二　晴。饮会亲吉席。夜月色大佳。是日揭晓，海昌中式者曰周士清，其才品无所取，至朱雪篁学博元佑文行俱优，以拔萃科而入副榜，士论皆惜之。

十四　晴。夜有月。是日作《咏凌霄花》一绝云：“露华烂漫散林条，得气虽高志亦骄。到底要凭牵引力，未能孤立即凌霄。”

# 光绪《桐乡县志》毕槐传

毕公槐，号面山，屠甸镇人。幼颖悟，读书目数行下，家贫力学，游庠食饩，博馆穀以养亲。父春帆公中年多病，赖公以供甘旨。失怙后，兄松游学四方，公独养母张氏，务得欢心。道光乙未举于乡。屠甸一镇，自前明以来无登科者，公始发祥，镇人皆为称快，而公亦以得一第慰偏亲为幸。三上春官，屡荐不售，乡先达均劝留京，图再举，而公以母年逾八旬，力辞归养。迨奉母讳，即闭户课儿孙，不复作捧檄想矣。尤笃友于谊，因兄终岁出游，代为经纪其家务，兄殁后，抚侄如己出，两侄又相继逝，供养孀嫂数十年如一日。及丁粤匪之乱，嫂不及避，竟被贼创，数日即逝。公冒锋镝往视于兵燹，仓皇之际，拮据摒挡，棺敛无缺，至合葬先茔而后已。平生好施与，每遇水旱偏灾，必力求当道，筹款赈济，为闾里倡。道光二十九年，蒙巡抚常公颁给“乐善好施”额，以示旌异。性狷介，不苟取与，于载籍无所不览，兼擅古今文体，尤好为诗，庚子、己亥间，于太守尚龄延修郡志。卒年八十有四，著作见《艺文》。

附：民国《濮院志·寓贤》毕槐条：

毕槐，字庆门，号面三，屠甸镇人。天资爽朗，性狷介，不苟取与。于载籍无所不窥，并擅古今文体。工书，善诗，与兄松有“二陆”之誉。兄游学四方，槐独养母张氏，务得欢心。道光乙未，

举于乡，以母老，不复作捧檄想。尝寓香海丈室，与曹海槎辈往来唱酬，有“肝胆酬知己，风霜惜此身”之句，为时传诵。著有《问月山房诗稿》二卷。（严《志》，参《吟秋馆怀人集》）

陆以湉日记两种

# 北行日记
# 楚游录

前言

# 陆以湉，从求官到改官

此前，我们对陆以湉其人，知之甚少，有限的一些了解，是从《冷卢杂识》及《冷卢诗钞》《感旧诗》等怀人感旧类的诗中得到的，都是一些东鳞西爪的片言只语，构不成较为完整的经历。发现《北行日记》和《楚游录》之后，情况有了很大的改观；至少求官、改官这段对于陆以湉至关重要的经历，有了一个完整的叙述，对于改官的原因也有了更加合理的解释。因此，两种日记的发现实在弥足珍贵。

求官和改官，是互为因果的，所以，两种日记，我们可以将之看成一个整体。《北行日记》已见著录，《楚游录》则未。两种日记都是钞本，寻觅非常不易。

## 求官

《北行日记》是陆以湉道光十三年（1833）第一次北上公车的全程记录，犹如毕槐的《公车日记》，但是侧重不同。中国日记文学研究专家陈左高，在其《历代日记丛谈》一书中是这样介绍《北行日记》的：

是编内容，约可分为：

一、贡院掌故。撰人入贡院，典试者曹镛、阮元。当时贡院详况，诸如四书题、诗题、五经题，均作详述。有关规例，亦并附及。“三月十七日，京师同郡京朝官，于举子出场后，俱来问讯，名曰接场。又醵分设席相款，名曰接场酒。”

二、梨园掌故。记及都中梨园著名者，曰三庆、嵩祝、四喜、春台。撰人曾赞名伶荇香演《玉环醉宴》一出，“态浓意远，描摹酷似”。聆歌者秋桂，填《金缕曲》数阕，以纪其事。

三、京都名胜。秉笔较多，篇幅较长。如“三月廿一日，……游悯忠寺。寺建于唐贞观十九年，雍正初更新，改名法源。前殿大门，非御舆至不开。后门在轿子胡同。门内有旷地，古槐一株，绿阴匝地。缘径而入，回廊曲折，殿宇深严。方丈壁上，有李北海、颜鲁公断碑，古趣可掬，并悬董香光楷书一帧，笔法遒古，殆非赝本。大殿庭中，古柏十余树，黛色参天，皆可入画。旁有园，丁香、梨花盛开，琼英万点，幽香袭人。……唐人诗曰：‘曲径通幽处，禅房花木深。’差可形容此境”。

四、游历诗篇。抵京前后，途历胜迹，除作地理考证外，辄赋诗填词，骋目抒怀。获见题壁词及谜语之佳者，亦俱加笔录，附于篇末。

这是从一般日记文学的角度作的介绍，大体概括《北行日记》的记述内容，但不免太过表面，把它深层次的肌理忽略掉了。

陆以湉和一般举子一样，千里迢迢北上会试，为的就是求取功名。所以一到京师，他就去拜见同郡的京官，进谒几位相知的座师。与此同时，还去拜访他在京师任中书舍人的堂兄陆以润，任礼部主事的陆以润之婿马郁斋，以及他四姐（当为堂姐）的丈夫国子生应京兆试的孙春沂。

三场考试，看来他是有备而来，并且认真对待的。但较为遗

憾的是，他记得太过简略，不像《公车日记》的作者把考题、考试时的心情，都细细道来，我们无从知道他是如何答题的。但从他三场毕后，携闱作去拜谒李芝龄、韩鹤庄两位座师，以听取他们的指教这一点可以看出，他大概对自己的闱作有相当的把握。

但是出乎他意料，他竟落第了。考完二十余天之后，四月初九日这天，会试中式的已有六十名，嘉兴一郡有两人获隽，其中一人恰好与陆以湉住在同一会馆。一霎时，空气骤变，陆以湉写道："是日贺者盈门，枯荣倏判。顾影自怜，同寓诸君有泣下者。楚囚相对，意趣索然，因动归思。"那一种失落感，像磨扇一样压在了他心上。

这之后，陆以湉与堂兄陆以润告别，也是心灰意冷，他写道："忆与兄别后，忽忽已十五年，今晤言未久，又赋将离，握手临歧，可胜惘惘。"和同年好友沈菁士相别，也是"诵'携手上河梁'之什，相对黯然。"

四月十五日，他雇车南归，一路心情沉重，他在《下第出都感怀》诗里说：

着鞭壮志悔蹉跎，归计依然一钓蓑。
乡梦迢迢千里远，韶光草草半年过。
折来杨柳情何限，听到琵琶泪总多。
剩有囊中长剑在，酒阑醉眼几摩挲。

在所填的《金缕曲》里又说：

落魄风尘里，问天公，男儿怀抱，几时才遂？排日长安花事闹，输与少年同辈，好重课砚田生计。袖底空余长铗在，看茫茫人海谁知己？歌一曲，唾壶碎。

夕阳村店聊停辔，怅萍踪无端漂泊。此身如寄，十笏黄金挥欲尽，仍作还家季子，尽领略凄凉况味。潦倒天涯携旧侣，对青灯共洒穷途泪。旗亭酒，且同醉。

当然，沉重之中雄心未泯。这也是他三年之后，道光十六年再度北上的心理基础。

求取功名固然是陆以湉的一个夙愿，但是他与许多举子比如毕槐不同，在热衷科举的汹涌波涛中，还有一小股回流，就是在内心深处对安逸的田园式书斋生活的向往。三月一日的一则日记写道："余性嗜花，拟置小园一区，栽以四时名花，间植松竹梧蕉。有亭养鹤，有池养鱼。筑室数椽，其中架藏古今奇书，琴张于壁，香焚于炉。窗前花阴如烟，横满几席。暇或枕花高卧，松声鸟声俱入梦中，觉此身有羲皇上人意矣。客至，则一觞一咏，相对移情。只此清福，不胜于驰骛名场，抗尘容而走俗状哉！"

但是他的好友曾经一针见血地穿透他的内心，说："享此福者率皆高尚之士。君方沉湎制艺中，以功名为急务，虽有此佳境，未必能入也。"他也苦笑着承认了。

虽然他承认了，但这样的想法却一直没有消失，即使在落第之后，也仍然改头换面冒了出来。那是归程途中，在堰头住宿。他写道："至堰头时尚早，偕同人闲步郊外。晴霞在空，归鸦数点飞夕照中。田舍六七家，疏篱回环，鸡犬成队。田夫方荷锄归，口中作喁声。妇女童稚，皆有自得之色。觉羲皞气象，去此未远。"

所有这些所思所想，加上三年后在县令任上的亲身遭遇，促成了他作出改官的决定，而并非如后来光绪《桐乡县志》和《参金录》所说，是单单由于"父芗畇公虑仕途险巇，时有忧色，承志改就教职"的。

## 改官

道光十六年，陆以湉再度上京师会试。这次总算如愿以偿，进士及第，并以即用知县签知湖北。稍作休整之后，他于同年十一月六日携全家去湖北赴任。临行之际，他的现实考虑是：如果做官的滋味好呢，从此进入仕途；如果不好呢，则再提改官不迟。当然他希望是前者，也就是做官的滋味好，不然就无法解释何以要将乌镇老家的宅院全部租赁出去。

这里附带说一句，日记的手录者对于他是否携眷赴任有过疑问，批道："赴楚挈眷及侍亲同行？应须载明。"这个问题，其实日记中写得明明白白：七月二十八日日记："余内子痰食凝滞，医杨某，治之攻补杂投，病转剧。山斋用消痰食药获痊愈。"可见是挈眷随行的。又七月十一日日记："黄昏，从大人登黄鹤楼。"十月十三日日记："五更行，巳刻抵安庆，小舣八卦门大观亭下。随大人谒周樨舟舅氏杰……"可见是侍亲赴任的。

这些都说明，陆以湉原本的确是想好好做官以图仕进的。

但是三个月下来，现实打破了他美好的愿望，做官的滋味真的并不好，甚至令他痛苦不堪。他适应不了官场生活。具体表现为：

一、迎送上官，终日奔波。日记记录在案的有：

道光十六年十二月十四日，谒大吏，拜同僚，四日甫毕。《志感》：望尘趋谒叹劳生，到此方知俗吏轻。盼到折腰亦非易，踵门三日未通名。

道光十七年正月初一日，四更往万寿宫俟诸大吏。朝贺毕，复至文庙。旋诣诸大吏署贺禧。

十三日，卯刻，廉访程公铨摄藩司篆。寅刻往伺候。

十五日，观察刘公肇绅，命代诣宣润龙王庙行香，五更赴庙。行礼毕，即至武庙，伺候方伯张公岳崧赴都陛见。未刻启程，至皇华馆送行。

二十四日，荆宜施兵备梁公宝常摄臬司来省，午刻至皇华馆候接。

二十五日，卯刻，黄州太守公成善摄武昌篆，往贺。

二十八日，丑刻，梁观察接臬司印，往贺。

二月初一日，五更赴文昌阁伺候廉访程公行香。凡上官所至之地，先往俟其出舆，升舆。时排立其侧，谓之站班。其于上衙门时，则站立官厅门外，肃容屏气，俟上官过，乃敢入。朔望行香，不能遍至，则由首县传知诸人分诣各庙。

初三日，中丞祭文昌，四更往候。巳刻，制府恭上御赐“福”字于大堂，往贺。即出保安门，至长桥送制府赴湖南阅兵。

初五日，周中丞祭武庙，五更往候。太守公崇善巳刻启行赴都，往皇华馆送行。

初八日，程廉访祭宣润龙神庙，五更往伺候。

初九日，丑刻，文庙行丁祭礼，寮寀毕集。

十五日，卯刻，梁观察至文庙行香，往伺候。辰刻，周中丞接总督印，往贺。

三月初一日，梁观察武庙行香，五更往伺候。

初五日，晨，往皇华馆候接制府林公。午刻，林公登岸，即入城。随至署伺候接印，禀贺。

初七日，午刻，谒见制府林公。

初十日，诸大吏至先农坛劝农。……余黎明先往。辰刻，行劝农礼……

十二日，申刻，制府大人进署，往贺。司道以下皆至；有出城接者。

十五日，梁观察文庙行香，四更往伺候。

十七日，丑时月蚀，诣臬司署随班行护月礼。

二十二日，大吏连日祈雨，今日至城隍庙，往伺候。

四月初七日，张方伯自都旋省，出汉阳门接，午刻进署。

初八日，张方伯接藩司印，程廉访接臬司印，往贺。

二、应付上官差使，疲于奔命。日记记录在案的有：

道光十七年正月十九日，晨，中丞周公之琦命对本，午刻开印。

二月初二日，午后，蕉雨太守命送审结京控案犯至臬司署。

十七日，周中丞甄别汉阳书院诸生，奉于莲亭观察克襄命，往监试。

十八日，黎明，偕胡桂山谒于观察，缴书院试卷。

十九日，周中丞命阅书院卷，辰刻至中丞署。……是日阅卷五十卷，晚饭后归。

二十日，中丞署阅卷七十本。

二十一日，中丞署阅卷七十本。

二十二日，中丞署阅卷五十本。午后，到汉阳府公馆，阅晴川书院试卷，应杨太守命也。

二十三日，周中丞传见，命以所阅书卷分四等……

二十六日，奉杨太守札，委汉阳府公馆发审局审案。

三月初八日，林制府、周中丞至江汉书院送诸生入学，司道以下官俱至。卯刻往伺候。

十一日，制府署对本。

十八日，晨，赴汉阳府试院，偕监院魏学博廷有点名。

十九日，未刻，风稍缓，假周苏门所坐太平船渡江，诣制府署缴卷。

二十日，林制府命阅书院试卷，辰刻谒见……

二十一日，阅卷，傍晚毕。……余阅百八十七本。

四月初三日，周中丞课试江汉书院肄业诸生，往伺候。

初四日，周中丞命阅书院试卷，共事六人。

初五日阅卷。

初六日，阅卷，傍晚毕。余阅百九十本。

初九日，周中丞命对秋审本，同事五人。

初十日，对秋审本。

此外，同僚间频繁的应酬，也不胜其烦。

日记没有提及自己衙门中的日常公务，想来也不会少吧？

短短三个月的知县生活，最终让陆以湉产生了厌倦情绪。他在日记中写到与同僚胡桂山“言及伺候上官之苦，因改翰林口号：‘一年事业惟公会，半世功名只早朝’二句，云：‘终朝事业惟跑路，毕岁功名只站班。’桂山戏作联语云：‘寒城跑路满面尖风，古庙站班一身清露。’相与慨叹久之”。又说：“至楚后，抛弃书卷，耳所聆者皆功利之说；目所接者，尽案牍之辞；又复劳劳趋走，形神交疲。”还感叹地说：“乃僚友中有以是为至乐者，士各有志，不可强也。”又作诗自嘲说：“绕持手版下公厅，又向邮亭伺送迎。镇日奔驰缘底事？文章经济两无成。”

在这样的现实状况下，陆以湉选择弃职改官是必然的了。这是改官的主要原因。

其次，陆氏门中，上辈、平辈中多有仕途不顺，屡遭颠踬，乃至罢官或改就教职的。一个典型例子，便是陆以湉最崇敬、最佩服的伯父陆元鋐，也就是乡石公。陆元鋐是乾隆五十三年(1789)丁未进士，曾任礼部仪制主事，擢升员外郎，由记名御史简放四川成都府遗缺知府，补雅州府，调署宁远。在任时，垒石御水，容纳川陕避匪乱的难民，督兵捕诛劫匪，政绩应该相当不错。丁忧后补广东惠州府，旋调高州，以失察被劾。竭力捐复，选甘肃庆阳府，又以失察遭劾，遂绝意进取，主讲陕西同州书院。归家后又主讲太仓桴亭书院及嘉兴鸳湖书院。再远一点，陆以湉的曾祖父陆炘，雍正八年（1730）进士，历官江苏兴化，补澄迈县，调清远知县，因遭郡守嫉妒罢职。平辈中，从兄陆瀚（陆元鋐子），

嘉庆九年（1804）甲子举人，出宰徐闻县，后宰花县，以不善事上官罢归。所以，陆以湉不想重蹈覆辙，就此止步。

再次是亲见亲闻仕途的凶险。比如同僚刘蘅州的父亲刘椒雨，嘉庆乙丑进士，宰蜀中，擢合州牧。岁歉，发廪拯饥，活数万人，而大府以专擅劾，罢官，不久就抑郁而亡。又如周苏门，嘉庆丁卯举人，大挑湖北，历官剧邑，政声卓著，以不善理财负累甚钜，公私交迫，艰辛非常。再比如汉阳府太守杨炳堃，就曾对陆以湉现身说法："我亦以县令起家，不知历几许艰辛，殚几许精力，始得幸换头衔。计当时同僚，今日失意者十之八，得意者仅十之二耳。"陆以湉去楚未几，同年刘怡堂宰麻城，方盛年，以小过罢官。同年胡桂山，以亏帑忧悸而死，母老子幼，闻者惨恻。

以上种种聚合，导致陆以湉选择放弃仕途，改从教职，就一点也不奇怪了。当然，对于这样的选择，其间的痛苦自不待言。

科举时代的中国文人，一般总是将荣辱得失与为国为民胶合在一起。从个人讲，只是两两权衡时有所偏重：有的人偏重个人前途，有的人偏重国家、百姓，而仕途，就是实现这两者最好的途径（不说唯一途径）。

对于仕途，历来有三路选择。第一路是热衷仕途，积极进取。这又有三种情况：一是确有政治抱负，决心为国为民做一番事业。这方面的例子所在多多，比如陆以湉写到的当时任两湖总督的林则徐，又比如下一部日记《后骖鸾录》的作者岳和声等等。二是投机钻营，千方百计实现个人专权的野心。这种人历史上也并不少见，如严嵩之流。三是只把做官作为一种职业，希望因此能出人头地，过上等人的生活。这一类人中的大部分，往往事与愿违，仕途不顺，却又恋恋不愿放弃，只得终年苦熬。

第二路是义无反顾地摈弃仕途。这一路走得最远最极端的，恐怕要数晋代的陶潜陶渊明了。他在彭泽令任上，因不堪吏职，不愿为所谓五斗米折腰，在为官八十余天之后，毅然挂冠离去。

此后他归隐田园，躬耕自给，晚年贫病交加，以至乞食。但他无怨无悔，固守穷志，不再重返官场。

第三路是将为官作宰视作畏途，却又不想放弃；为规避风险，不得已求其次改官教职。这第三路，就是陆以湉所选。陆以湉的改官教职，是经过长时间思考、仔细权衡利弊之后做出的决定。他的考虑主要有三个方面：

一是如果彻底放弃，他没有更好的谋生本领，也对不起自己求官路上半生的辛苦付出。尽管现存一个例子，他的曾外祖周钧，因久困童试，便让他三个儿子中的老大周向潮和老二周踊潜弃文从商，从事丝职行业，并且获利甚丰，因此而家道富足殷实，还在江苏震泽置建了一座很大的宅院，由乌镇迁居震泽定居。周踊潜就是陆以湉的外祖父。但是陆以湉不能够，或者他根本没往这方面去想。

二是教职是个“冷官”，无权无势，生活相对也清苦，比同级的知县年薪约四十五两银子还低，且基本没有外快收入。知县，甚至比知县稍低官职的，外快也是相当可观的，所以历来有“三年清知府，十万雪花银”的说法。清知府尚且如此，不清的呢？当然，教职不是一点外快没有，教职一般也有三种外快：一是童生参加童子试，须找资深秀才作保，也得经教谕介绍，介绍过程，教谕可能得到一点引荐费，最多也只几钱银子。二是童生考取，正式入学，也要给教谕一点“孝敬”，也是几钱银子。三是每年祭孔，春秋两季，仪式完毕，祭品，主要是一个猪头，可归教谕们享用。如果故意找茬，说猪头太小不合格，让换；换了大的，还说不合格，屠户没法，就塞一点银子，也只是几钱银子。所以，这三宗所谓外快，微乎其微，根本算不上外快。但是尽管清苦，却是稳定，旱涝保收，所以陆以湉说：“而余至今犹得以校官之禄养吾亲……”

三是正因为教职是冷官，教授、教谕只负责管理当地的官学，

名义上是生员的老师，但官学平时不上课。每临大考，秀才们也基本在家自学；在学校呢，也是自习为主。所以这个冷官的确是冷，因为冷，所以非常清闲。这对于陆以湉，乃是求之不得的。他在台州府教授、杭州府教授、桐庐近圣书院讲习以及后来的杭州紫阳书院讲习期间，有充裕的时间来研究学问，经史子集、考古论古，乃至旁及药谱虫笺、日用饮食等都有很深的造诣。他著书立说，取得了丰硕的成果，计有：《苏庐偶笔》4卷，《冷卢文钞、诗钞、词钞》《寓沪琐记》4卷，《吴下汇读》2卷，《续名医类案》15卷，《集兰亭诗百首》《杭城纪难诗120首》《乌镇纪难诗80首》《申江即事诗》1卷，《感旧诗》1卷，《怀人诗》1卷，《冷卢杂识》8卷，《北行日记》1卷，《楚游录》1卷。所以陆以湉自得地又说："乃益信余之改官为得计也。"

从求官到改官，陆以湉似乎一生只做了这么一件重要的事情。我们不能想象，要是不改官，陆以湉继续在知县任上会不会有所作为？会不会努力进取，成为一个能吏大官？抑或郁郁不得志，成为一个弃官？

历史是不可以假设的。就因为改官，陆以湉成就了陆以湉。陆以湉是一个科举道路上不彻底的叛逆者，一个异蓺，但是也因此而成就了他一生的学术事业。陆以湉的人生似乎告诉我们：在一个时代的大框架下，人还是有选择自主生活的可能的。

# 北行日记

# 目录

# 道光十三年正月初九日至二月十三日

〔按：日记起自道光十三年癸巳（1833）正月初九日，作者自里寓经震泽至苏州，历山东、天津，辗转取道抵北京。钞本开头有缺页、缺损，缺字较多用括号标“缺”，单个缺字标□。〕

## 正月初九日至二月十三日

〔缺〕酿，舟人过此必就沽□然〔缺〕丹阳城中。（去常州四十里。）

十七日，巳刻抵辛丰镇，小泊〔缺〕锡。至此，岸高水浊，树木稀少〔缺〕闸。（去丹阳七十二里。）

月色淡无际，空江生夜凉。
残更催驿馆，远火聚渔梁。
客梦如云懒，乡心逐水长。
扁舟成一宿，明日又殊方。

——夜泊丹徒

十八日，晨出丹徒闸，渡江，过〔缺〕

过金山雾渐散。梵宫金碧，绝妙画景。惜行程匆迫，未及登览。山神有知，应笑我俗。晚抵扬州，夜泊关内。（出舟〔缺〕徒间〔缺〕至镇江口十八里。江面六里。瓜步口至扬州三十三里。）

〔手录者批：京口对渡至瓜步，记似二十里江面。俟再查。〕

借得东风力，轻帆破晓开。
深闺今夜梦，应共渡江来。

——渡江

长江渺渺驾轻舠[1]，送我东风万里□。
瓜步人烟浮□□，秣陵[2]山色极天高。
新春鼓枻[3]征程远，胜侣题□□思豪。
回首相关何处是，苍茫云树拥江皋[4]。

——前〔缺〕

慷慨临江击楫过，六朝风物付□歌。
云低□□□□暗，风定轻帆出浦多。
晴色一江明晓日，离情千里逐春波。
推篷遥见青山影，□□湘笺写翠螺。

——丹徒闸渡江次陈宜轩韵

潮来一叶剪江过，卧听舟人笑语和。
雾气低连帆影重，风声速送浪花多。
敢将情性称同调，莫把功名托逝波。
共道金焦山色好，遥从万里见青螺。

——原作

枕畔潮声昨夜过，布帆恰趁晓风和。
渡江梅柳催诗早，隔岸林峦入画多。
草草年华仍作客，蓬蓬春水又生波。
向人祇有青山色，闲倚疏篷指黛螺。

——稼生和作

十九日，入城访王湘舟沛霖姐婿，时至山右未返，晤缀芳姐[5]。谈片时，别过。琼花观匆促一游。访严昆圃[6]廷瑢侄婿，苦留信宿。余以同侣延候不能久稽，晚饭后即别。出扬关，夜泊关外。托昆圃寄家书。

（湘舟，元和籍。昆圃，同籍。俱以鹾尹需次维扬。）

门掩蘅芜一径荒，仙踪空自忆唐昌[7]。
绿阴满地游人少，闲与孤僧话夕阳。

——游琼花观

二十日，过邵伯镇。（去扬州五十里。）小泊。隔岸有小桥疏树，境殊幽旷。夜泊露筋祠[8]（属高邮）。

二十一日，六十里至高邮州。夜泊六安沟。

二十二日，晨过界首镇。（去高邮六十里。）登西岸，望高宝湖，洪涛接天，苍茫无际，一巨浸也。夜泊宝应城外。（去界首六十里。）

二十三日，晚过淮安府。（去宝应八十八里。）泊舟登城。河水与城平，地低于河，实赖堤防之力焉。夜泊淮关内。连日舟行安稳，同侣又情性相洽，或对酒论古，或煮茗评诗，意兴绝佳，不知身在他乡也。

前山月初落，曙色豁天宇。
残星倒映水，点点粲可数。

冒寒理柔楫，露气湿如雨。
轻风与之俱，送客入前浦。
夹岸无人声，一犬吠荒屿。

——晓发宝应

东风吹客渡花湾，楼阁参差暮雨间。
却趁春来好烟景，推篷贪看隔江山。

——舟行偶成

二十四日，晨抵清江浦。（去淮安三十二里。）水泊千樯，陆居万户，洵北行一孔道也。傍晚渡黄河。（去清江十里。）河面约三里许。适遇顺风，一叶扁舟飞帆，径济[9]赴王营。寓诸晋臣家。闻河路有水，当行山路。询之土人，知其说不实。拟二十六日开车，午后检置行李。

二十五日，午后至马明王庙观剧。

二十六日，巳刻开车，余与星槎同乘一大车。宜轩、稼生各乘一小车。七里渡盐河。二十三里至渔沟尖。四十里至众兴宿（桃源县界）。

乡梦唤初觉，驱车登远皋。
寒声催戍柝[10]，晴色上征袍。
风力盘空劲，河流拍岸高。
着鞭从此始，未敢压尘劳。

——王营晓发

二十七日，四更行。五十里至仰化集尖。五里渡河，争渡甚多，待之良久。五十一里至顺河宿。

二十八日，三更行。五十里至新店尖。四十里至宴头集宿。

（宿迁县界。）苏州至清江，舟行安稳，几忘行役之苦。自渡河后，乃觉日用起居皆不如意。夜半即冒寒就途，车行转侧，梦亦不适。尖宿处屋宇卑隘，供馔虽有面饼、籼米饭、小米粥，皆不免泥土气味。佐膳秽恶，尤难下箸。同行者独宜轩爱食面物，每以大酒下之，据筵大嚼。余愧未能也。

二十九日，二更行。三十里至坝头渡河，争渡甚众。暮夜，仓卒踯躅河干，车马偪[11]处，进退维谷。又复风沙扑面，寒气凛冽，行路之难，于斯始信。三十里至官河尖。四十里至坌河宿。遇上海赵序甫勋约，同尖宿。人温厚可亲，出门以来，又得一知交矣。是日午后过邳州城。城外有山。（序甫，举己巳科。）

下邳北来路，行踪此暂停。
河光浮树白，山色入城青。
吊古搜遗碣，寻诗过小亭。
匆匆跨鞍去，残日落遥汀。

——邳州

二月初一日，二更行三十里。有桃花河，因绕道行，多二十里，行八十里，至马兰屯尖。四十里至阴平宿（峄县界），已入山东界。是日，遇江南泾县曹同年斌，年纪七十矣，神彩矍铄，顾盼自豪，有伏波[12]据鞍意气。

一夜江南隔，从兹涂路长。
防河薪筑岸，凿穴土环房。
树抱烟痕碧，沙团日影黄。
郊原遥极目，揽辔感他乡。

——邳州道中

信宿阴平道，中宵策马行。
残灯明野店，孤角咽山城。
夜回乡愁重，天寒酒力轻。
帝畿何日到，历历数征程。

——阴平旅舍题壁

初二日，二更行。五十里至临城驿尖（滕县界）。五十五里至南沙河宿。星查[13]携有自制冬荠，用以佐馔，味绝鲜美。星查谓余：洞庭蔬果甲于他处。他日得暇，当鼓棹相访，领略山中风味。

初三日，三更行。二十里过滕县。三十五里至界河尖。五十里过邹县。孟庙在南关外。十里至中山店宿（邹县界）。店南有碑，知为东滩店，俗讹为中山耳。入山左界，客邸中歌鬟渐多，年七八九者，亦抱琵琶于客前弹拨而歌，予以数青蚨[14]即去而之他。色艺微佳者，每为好事者招留，浅斟低唱，作一夕之乐。然佳者余未之见。更有陋劣不堪之品，亦盛饰来前，见之欲呕。

〔手录者批：“入山”数行应接上行，空一字直落，无须另行起。〕

初四日，三更行。三十里过兖州府。三十里至高吴桥尖（滋阳县界）。六十里至汶上县城外宿。（春秋鲁中都地，战国时入齐为平陆。）城外有平陆大夫孔距心旧治碑[15]，更有碑云：“闵予必在此。”牵率可笑。

极目空郊暮色凉，停车遥指白云庄。
行踪偶住难终夕，佳客相逢尽异乡。
草草杯盘成小酌，匆匆琴剑促轻装。
嫦娥[16]惯照离人影，应笑轮蹄为底忙。

——汶上旅舍投宿二更郊行率成题壁

初五日，二更行。六十里至东平州城外尖。进城，有父子状元牌坊，即宋梁太素故里[17]。六十里至旧县宿。（东阿县界。列肆半售阿胶。）东平至此皆山路。东平州城外有东平宪王[18]墓碑。将及旧县，有西楚霸王墓。

江南数程风景寥落，道旁行乞者不绝，殊怆人怀。入山左界较胜。

信步看山色，不知行路遥。
掠沙鹰翅捷，渡水马蹄骄。
晴雾隐荒戍，夕阳归远樵。
前村何处宿，应有酒旗招。

——东平道中

迢迢山色指东平，又是征蹄一日程。
匝地清云藏古寺，接天芳树拥春城。
空堤斜照吟鞭影，浅渚微风牧笛声。
马首几行春柳绿，计时应已近清明。

——前题

暂息风尘辙，幽居傍涧过。
村荒佳酝少，地古断碑多。
乡梦常依月，征程半绕河。（明日又将渡河）
中宵驱马去，前路问东阿。

——旧县旅舍

初六日，二更行。二十里渡河，时天尚未明，风大卷地，寒逼重裘。幸待渡者少，呼舟径济。三十里至铜城驿尖。六十里至茌平县南城外宿。饭味甚美，自备馔尤妙，陆行十日，今始得一饱。

入茌平城。城只里许，县署亦偪仄甚。登城纵眺，景尚佳。

为有登临兴，城隅迹偶经。
沙连河渚白，云接岱峰青。
帘影摇村店，笳声动驿亭。
荒原聊极目，踪迹感飘萍。

——茌平城上晚眺

初七日，三更行。过茌平县城，呼门不启，绕道行。五十里至新店尖。十里过高唐州，途中遇雪，弥望旷野，如万斛琼瑶，随风飞舞，璀璨炫目。午后西风送晴，密云渐开，雪止。五十里至腰站宿。

黑云压山风怒吼，满坡碎石逐人走。
驱车中路马不前，雪花堕地大如手。
拥裘欹枕卧瑟缩，寒重奚知锦衾厚。
平时艳说灞桥诗(19)，到此幽情复何有?
且来村店掷吟鞭，觅醉金樽十千酒。

——高唐州遇雪偶作

〔手录者批："锦衾""金樽"似于客途村店不称，宜酌易之。鄙人录此诗臆改"絮衾"，末句作："亟觅瓦盆倾浊酒"。〕

初八日，三更行。三十里过恩县，即战国赵平原封地。三十里甜水铺尖。五十里过德州城外渡河。将及半里，途峙华表曰："九达天衢。"河有浮桥，以舟为之。二十里至留智庙宿。

初九日，三更行。四十里至景州（属河间府），入直隶界。三十里至漫河尖。二十里过阜城县。四十里至富庄驿宿（交河县

界）。屋宇宏敞，布置几席亦精洁不恶。邸舍之佳，当以此地为最。

初十日，四更行。四十二里过献县城。三十里至商家林尖。三十里过河间府城。二十里至二十里铺宿。

十一日，四更行。五十里至任邱县城外尖。四十里过鄚州。十五里过赵北口长堤。界河有桥十余座，遍植杨柳，风景似南方。桥畔华表题曰："燕南赵北。"十五里至雄县城外宿。食鹜腊鲫羹，味甚美。是日午后风甚大，飞沙扑人，车行迟滞，为呼闷闷。大车载物多，行不能速，晨至车熟睡尚可，午后睡足，坐卧俱窘。故老于行役者，皆乘小车（俗名轿车）。余与星槎深悔行李之多倍，致旅途困顿也。

十二日，四更行。六十里至公家营尖。六十里至固安县北门外宿（属保定府）。

望里春光画不成，驱车千里赋遄(20)征。
多情只有长堤柳，一路青青送客行。

——车中偶成

觅宿来村店，门前偶驻车。
春寒宜中酒，客梦不离家。
破壁愁风急，空窗见月斜。
羁栖浑未惯，萍泊感天涯。

——固安旅舍作

十三日，黎明行。七十里至永定河。（入南西门必经此河，以路较近也。）河中舟无楫，舟子服皮裈入水，牵舟而行。时待渡之车拥塞河干，日逾午，尚未得渡。同人不得已呼津吏，至厉声诃叱，施以老拳，并欲挚送邑尹以惧之，因即为引渡。设非尔尔，正不知何时得登彼岸。谚云"软关硬渡"。信然。十五里至榆垡尖。

二十里黄昏至彭家庄宿。

## 【笺注】

（1）舠（dāo）：刀形小船。

（2）秣陵：古县名。在今江苏江宁南。

（3）枻（yì）：船桨。

（4）皋（gāo）：岸。

（5）缀芳姐：未详是堂姐抑或表姐，待考。

（6）严昆圃：未知是哪位侄女之婿，待考。

（7）唐昌：唐玄宗李隆基第四女，开元十六年（728）封公主，实封五百户。唐昌很爱花，据《长安志》记载："安业坊唐昌观旧有玉蕊花，乃唐昌公主手植也。"宋郑域《玉蕊花》诗："维扬后土庙琼花，安业唐昌宫玉蕊。判然二物本不同，唤作一般良未是。琼花雪白轻压枝，大率形模八仙耳。山溪野路都见之，樵夫吹残如猕（xiǎn）薙。比之玉蕊似实非，金粟冰丝哪有此。花须中有碧胆瓶，别出珑总高半指。清馨静夜冲九天，招隐瑶台女仙子。乘风跃马汗漫游，偷折繁香分月姊。紫茎柘叶荼蘼条，少到寻常人眼底。翰林内苑集贤阁，雨露承天近咫尺。后生不识天上花，又把山矾轻比拟。叶酸而涩供染黄，不着霜缣偏入纸。江乡老少知此名，郑棖玚半无正字。方言土谚胡舌讹，乌马成焉固应尔。"

（8）露筋祠：见《公车日记·正月》注（15）。

（9）济：渡过。

（10）戌柝：戌，戌时，黄昏；柝，旧时巡夜人报更的木梆。戌柝，黄昏时，传来报更声。

（11）偪：同"逼"。

（12）伏波：伏波将军，即汉光武帝时的马援。伏波是他的封号。

（13）星查：似即星槎。

（14）青蚨：青蚨，一种昆虫。刘安《淮南子》："青蚨一名鱼伯，或曰蒲。以其子母各等置瓮中，埋东行阴垣下，三日后开之，即相从。以母血涂八十一钱，亦以子血涂八十一钱，以其钱更互市，置子用母，置母用子，钱皆自还。"后将青蚨指代钱。

（15）平陆大夫孔距心旧治碑：《孟子·公孙丑下》记载，孟子到平陆去，与平陆大夫孔距心有一段有关知错必改的对话。后来他用这段话来开悟齐宣王。此碑就是纪念这段故实的。

（16）嫦娥：指代月亮。

（17）宋梁太素故里：北宋东平府梁灏、梁固父子皆状元。《三字经》曰："若梁灏，八十二。对大庭，魁多士。"说的就是这个梁灏。

（18）东平宪王：即刘苍，东汉光武帝刘秀之子。建武十五年，受封为东平公。十七年晋封为东平王，定都无盐（今山东东平县东）。汉明帝永平元年，为骠骑将军在朝辅政。七年归国，汉章帝建初去世。

（19）灞桥诗：唐郑谷《小桃》诗："和烟和雨遮敷水，映竹映村连灞桥。缭乱春风耐寒令，到头赢得杏花娇。"

（20）遄（chuán）征：遄，疾速；遄征，征程飞速。

# 二月十四日至四月十四日

二月十四日，三更行。四十里至王村尖。十五里进京城南西门。宜轩、稼生、星查寓吴兴会馆（北半截胡同）；余寓嘉兴会馆（南横街）。同寓者嘉邑郑昆渠宗源（辛巳），沈石庵同年养和，善邑唐秋涛潮（己卯）、陆讱庵浚（戊子），钟虚谷同年正钧，钱雨亭同年承升，海邑彭朗亭世鉴（壬午），平邑杨友鹿尧杰（辛卯）。会馆中堂额曰“嘉会”。联曰：“宅治一区，都会风云凭尺木；人来七邑，岩廊秀颖擢嘉禾。”皆平湖沈文恪公题。共二十余椽，境尚开旷，惟户外卑隘，气象未能宏敞。连日风尘仆仆，启处不遑，是夕始得酣寝达旦。

十五日，拜同寓诸君。访春霆兄以润，（兄官中书舍人[(1)]，寓醋张胡同。）并见大嫂及小霆侄穗丰。留午餐，谈别后事絮絮不厌，至晚乃别。复访孙春沂姐婿，曰：“点适他出。”晤四姐。（春沂，仁和籍，以国子生应京兆试[(2)]，挈眷在都，与春霆兄比邻。）

是日，于春霆兄处接家大人滇中来谕，旅况安善，私心为慰。（余友同邑严比玉司马廷珏[(3)]，至滇需次，延家大人偕往，课其二子兼司笔墨之事。于辛卯三月起行，迄今已三阅岁矣。）寄家书。

十六日，谒李芝龄座师（寓枣林）。戊寅岁，视学吾浙，余蒙取列弟子员，知遇之恩盖一而再矣。复谒韩鹤庄座师（寓香炉

营），公出不遇，门者约明日往谒。访马郁斋侄婿丽文，并晤侄女，谈良久。

（郁斋，湖北蒲圻县籍，癸未进士，官礼部主事[4]，为春霆兄之婿。）

十七日，谒鹤庄师。至琉璃厂购书数种。琉璃厂为书画珍宝萃聚之地，好古者至此，如入波斯宝藏，触目琳琅，流连不能去。

都中街衢广阔，列肆亦宽。肆中牌额，有长至数丈者。昔纪文达公作都中牌额联数百，皆极工妙。如“柳木驱风牙杖，桂花滴露头油”，糊裱唐宋元明名人字画，发卖云贵川广地道药材，真似天生玉合子[5]也。

十八日，拜同郡京朝官及诸同年。访赵序甫（寓麻线胡同斌升店）。

十九日，此后日有客至，不及详志。

二十日，午后，鹤庄师命饮。

二十一日，鹤庄师生辰，往贺留饮。吴梅岑来同寓（名玉森，石门籍，戊子）。

二十二日，托春霆兄寄家大人禀，并致严比玉书。

北方房舍窗户轩壁，皆以纸冒之，室虽极敝，招工更饰，咄嗟之顷，可使光景一新。

二十三日，余寓嘉会堂之西偏，与梅岑、石庵同院，昕夕[6]晤言，足破岑寂。

二十四日，沈菁士同年两莹（归安籍），以冬笋见飨，分遗梅岑、石庵，共领故乡风水。（是物都中甚贵，今岁尤不易得，白金麦饼只易半斤。）

二十五日，赴贾家胡同果子巷，答嘉邑同年朱廉泉濂、朱霞轩金阶、曹六桥（名泰同，邑籍，辛巳）来同寓。

二十六日，赴春霆兄处，谈许久。复往吴兴会馆，宜轩、稼生他出，晤星槎、菁士。同年费宝斋元鼎（嘉兴籍）来同寓，与余同院。宝斋大母汪采芝山人工六法，行箧藏山水一小帧以示余，笔意高古，迥轶凡格。

二十七日，嘉邑高梅卿世俊来，亦同院。梅卿，举辛巳科，为志亭侄喜曾[7]同年。侄天才亮特，惜于庚寅岁殂逝，追述前情，各为凄悒久之。

二十八日夜，大风。孤灯倚壁，薄寒中人殊动故园之思。时梅卿、梅岑已就寝，因与宝斋、石庵纵谈古今，兼及家居琐屑事，娓娓忘倦。五更始睡。

二十九日，至春霆兄处，并访孙春沂。

三十日晨，往菜市口观晓市，在宣武门外。天将明，售杂物者俱集，日出即散去。赏鉴家皆至此物色，每有以微值得奇货者。然伪物乱真，最不易辨。武林友人以十金购皮衣二服，数日，其毛渐落，细审之，乃以面糊于鞟[8]，手法精巧，骤难审别。计亦伪矣！盖天下之物，无不真伪互见，即人亦然，惟深识者不为所惑耳。

三月初一日，吕春泉来同寓（名荣华，嘉善籍，丙子）。

初二日，余居院中西偏，墙外即通衢，市声喧阗，朝暮不绝。是日闻卖花声，购芍药数枝供案头，青琐红绡，足为空斋生色。余性嗜花，拟置小园一区，栽以四时名花，间植松竹梧蕉。有亭养鹤，有池养鱼。筑室数椽，其中架藏古今奇书，琴张于壁，香焚于炉。窗前花阴如烟，横满几席。暇或枕花高卧，松声鸟声俱入梦中，觉此身有羲皇上人意矣。客至，则一觞一咏，相对移情。只此清福，不胜于驰骛名场，抗尘容而走俗状哉！昔尝以是语吾友比玉，比玉笑曰："享此福者率皆高尚之士，君方沉湎制艺中，以功名为急务，虽有此佳境，未必能入也。"余为辗（疑应为"輾"）然[9]。

初三日。

初四日，武林同年方既堂墉来。因同年朱梦斌于正月中殂谢，

母老子幼，家贫甚，乞诸同年赒恤[10]。余愧行囊羞涩，不能多助也。

初五日，都中街衢水沟，每于三月中开取秽物，旁凿大穴填之，臭气塞途，行者必以香囊解秽，步行尤宜留意。都人谚云：“臭沟开，举子来；臭沟合，会墨[11]出。”

初六日，迁小寓于内城鲤鱼胡同德宅，门对观象台，去贡院数十武。同寓七人，仁和王兰谷言（戊寅），德清许西亭兆奎（辛巳），乌程莫晋斋鋆（壬午），宜轩、稼生、星槎。

初七日。

初八日，辰刻入场。贡院东西侧门各二，曰东左，东右，西左，西右。浙江应试者由东左门入。共四百三十七人。

初九日，四书题：“古之愚也直，今之愚也诈而已矣；载狱而不重”三句；“权然后知轻重”四句。诗题：“以礼制心”得“诚”字。

初十日，巳刻出场。

十一日，入场。同号中皆异方人士，错杂不可辨。

十二日，五经题：“百谷草木丽[12]乎土，峄阳孤桐[13]”二句。“决拾既佽[14]”二句。“公会齐侯于城濮，修利堤防”四句。

十三日，巳刻出场，至观象台观浑天仪，游慈云寺。闻赵序甫寓寺中，访之不遇。

言到招提境，幽踪信步寻。
清泉穿径曲，绿树闭门深。
斜日移幢影，微风落磬音。
禅堂息尘虑，好证妙明心。

十四日，入场。

十五日，策题：经学、史学、吏治、兵制、积贮。

十六日晨，出场，返嘉兴会馆寓。

十七日，京师同郡京朝官于举子出场后，俱来问讯，名曰接场。又醵钱[15]设席相款，名曰接场酒。

十八日，答客。携闱作谒芝龄师、鹤庄师。往内城护国寺西口谒朱永斋师，师时出使江南初返。（师丙戌岁视学吾浙，余荣取优等食饩[16]。）寄家书及家大人禀。

十九日，同年公请芝龄、鹤庄二师。设席于财神会馆，招伶演剧。晨刻，俱集行团拜礼。（壬辰同年来都者九十三人，惟潘葆蓺佐清、金梅佣岵瞻、张萼楼琴不来。）

都中梨园著名者曰三庆、嵩祝、四喜、春台。是日，演剧者为三庆，色艺精妙胜吴伶。

二十日，大风。在寓与宝斋、石庵清谈竟日。

二十一日，偕小霆侄游悯忠寺。寺建于唐贞观十九年，雍正初更新名："法源"。前殿大门，非御舆至不开。后门在轿子胡同，门内有旷地，古槐一枝，绿阴匝地。缘径而入，回廊曲折，殿宇深严。方丈壁有李北海、颜鲁公断碑。悬董香光[17]楷书一帧，笔法遒古，殆非赝本。大殿庭中，古柏十余树，黛色参天，皆可入画。旁有园，丁香、梨花盛开，琼英万点，幽香袭人，吟啸其下，尘思尽涤。唐人诗曰："曲径通幽处，禅房花木深。"差可形容此境。

二十二日，傍晚，宜轩札至，知星槎闻讣，其尊人研香年丈于前月捐馆[18]。

二十三日晨，往唁星槎。即偕同年徐蓉塘墉（归安籍）、沈菁士，至朱廉泉处，为星槎议书屏分、知启事。南方人在都中者遇吉凶事，先期以知启送各知交人，出屏分钱三百。至期复馈唁，仪多寡随力，大率钱五百为最简。申刻，春霆兄招饮。

二十四日，在寓阅白下旧闻。

二十五日，赴南城李广桥，谒英熙斋太夫子和（芝龄师乡试座师）。又至新街口，访石邑马乙蘗诵芬（辛卯）。过金鳌玉蝀桥，望苑中亭台楼殿，金碧陆离，夹岸古槐榆柳映带其际，即令小李

将军[19]捉笔摹之，恐亦难绘此景。（桥下即太液池，旧名西海子。桥广二寻，修数百步。）午后，至春霆兄处复访孙春沂，留共手谈[20]。春沂奕品高绝，余对之有小巫见大巫之叹。

二十六日，至海岱门、前门访客。

南人在北方者，因水土有异，皆食槟榔。忆《分甘余话》记南海程石耀郎中嗜槟榔，渔洋戏之以口号云："趋朝夜永未渠央，听鼓应官有底忙。行到前门门未启，轿中端坐吃槟榔。"尔时此物当未盛行，今则食之者盖十八九矣。

二十七日晨，偕高梅卿步行至前门关帝祠祈签。祠不宏敞，而香烟特盛，签亦最灵。

二十八日，至春霆兄处，遇雨。听春霆兄鼓琴数曲，愧非知音，不能更唱迭和也。午后，马郁斋招饮。

二十九日，至魏染胡同杨梅竹斜街西河沿访客。午后，偕吴梅岑游黑窑厂，在南横街之南里许。高数丈，广亦如之。都中人九日登高每至此，以应故事。上有庙数楹，古树一株，横偃砌上。西望，西山环列，若花画屏；东望，天坛树木丛郁；南近城垣，相去约一里；北则万家鳞次，极望无际。余与梅岑坐绿阴下，俯仰啸傲，意兴甚适。复下厂南半里，至陶然亭。亭在南城下，康熙间，江郎中藻所建，取白香山"更待菊黄家酿熟，与君一醉一陶然"句意以名之。境绝幽僻，饶有山林之趣。上有文昌殿，旁数椽为游人宴会之所，题诗满壁。复向西北行里许，途中芦苇蓊茂，高过于人，至龙树寺。寺建自宋初，名"兴诚"。有龙爪槐一株。后树萎，寺亦圮。嘉庆间，寺僧敛钱修葺，顾司农皋书额，为更今名。寺址不甚广，而廊宇曲折，引人入胜。精舍三间，颜曰"葭簃"。楼曰"看山"。凭栏西望，斜日衔山，山色更苍翠可爱。复至大殿，有联云："何处菩提，莫错认庭中槐树；无边法藏，且笑拈阁外芦花。"句殊不俗。寻古槐遗迹，寺僧为指其处，补植一株，尚未及丈。出寺西行数十武，过大清观，又至龙泉寺。

古木扶疏，落花满地。寺中殿宇宽敞，佳卉丛生。因日暮不及畅游，约他日更来续此清兴。自入都后，软红拂面，俗事纷来，今日此游，殊得雅人深致。

策马来京华，软红日驰骋。
偶过城南隅，暂尔尘虑屏。
相携入芦丛，浓绿漾千顷。
行吟信忘疲，路转得幽境。
轩楹势宏敞，甍桷[21]制完整。
凭栏一以眺，爱此清旷景。
轻风卷帘幙，花气荡衣冷。
翠微青蒙蒙，檐际堕虚影。
孤僧淡相对，流连趣弥永。
归路倏已夕，疏钟度松顶。

——偕吴梅岑游陶然亭

〔此诗天头有："骑马、跨塘桥、踏青"七字，当为手录者所写。〕

四月初一日，午后，高梅卿招饭。同席金瀛仙安澜、钱丙亭、沈石庵，战拇藏钩，兴殊不浅。（瀛仙，同邑籍，己丑进士，官户部主政。）

初二日，至琉璃厂观书画。

初三日，至前门访客。

初四日，李太夫子寿辰，偕石庵往贺，留饮。芝龄师屡主文衡，门生满天下，在都中者尚有数百人，是日毕集。貂蝉[22]盈座，同赋称觥，盖非独舞彩堂前，足以娱二老矣。是日，同郡京朝官设席于宴汇堂（大栅栏）接场，巳刻赴酌。演剧者为嵩祝部，以视三庆，色艺相侔，殆未易轩轾也。晚吊汪寅禾太史世樽丧。禾秀水籍，品学醇粹，屡应主文之命。今科分校礼闱，因冒寒得疾。

曹俪笙相国奏请出闱，旋因误服参芪，渐就危笃，于昨晚捐馆。位不副德，命不副才，惜哉！

初五日，陈宜轩、杨酉麓以行看子[23]属题，人事匆迫，未暇握管。今午急雨洒窗，门无过客，因为各题一词：

陈宜轩《种蕉学书图》

绿林环径，记雏童携锸，补来花缺。绕屋轻风吹阵阵，酿就一天凉色。初夏光阴，新晴庭院，画里人幽绝。临池昼永，几枝和露低折。

最好午梦才醒，碧阑干外，六幅帘齐揭。茶熟香温无个事，清福十分消得。鸲眼泉芬，乌皮几滑，细仿悬针格[24]。纤毫挥罢，染衣新翠犹湿。

——百字令

杨酉麓《破晓渡江图》

日落潮声静，傍空堤棹歌来往，诗魂才醒。呼取鸥凫同泛宅，一叶瓜皮舟稳。待领取旧游佳境，却趁朝来风似翦，拔轻桡划碎波千顷。篷背外，见山影。

六朝往事凭谁省？且低徊妙高台下，扣舷微咏。更向船头吹玉笛，应有水龙出听，把万斛愁红尘淘净。我亦天涯萍泊惯，惜匆匆未揽江心景。图画里，试重认。

——金缕曲

初六日，朱咏斋师命饮。游护国寺。寺中以二六日，商贾咸至售物，俗谓之赶集。是日，适届期，凡器用食馔诸物，匝地皆是。空王之室，忽为争利之场，盖不独此处为然也。

初七日，偕石庵、宝垒游法源寺。方丈内牡丹一丛，桃花数枝，尚未零落。以诗赠之：

探奇入兰谷，无限惜芳心。
小雨不成阵，繁花犹在林。
蜂声来树杪，蝶影落墙阴。
薄暮踏歌去，幽香携满襟。

初九日，偕梅卿、宝斋复游黑窑敞、龙树寺、陶然亭，巳刻返寓。会试中式者，已知六十名。黄昏时报录毕，吾郡获隽二人：唐秋涛潮、曹子安衔达，皆嘉善籍。

初十日，秋涛同寓会馆，是日贺者盈门，荣枯倏判。顾影自怜，同寓诸君有泣下者。楚囚相对，意趣索然，因动归思。与石庵约于十五日偕行。

十一日，至吴兴会馆，知稼生、星查由水路旋南，惟宜轩仍约偕行。水途旅况较逸，惟行道迟滞倍于陆途。

十二日，赴诸戚好处辞别。

十三日，曹六桥招往庆乐园观剧。伶者荇香，色艺冠一时，服饰华艳，穷秘极妍，演《玉环醉宴》一出，态浓意远，描摹酷似，洵为尤物也。

十四日，至春霆兄处言别。忆与兄别后，忽忽已十五年，今晤言未久，又赋将离，握手临歧，可胜惘惘。至吴兴会馆别沈菁士。菁士才华跌宕，余昨岁与之定交，春明相见，颇极文酒之乐。今菁士淹迹都中，从此南北暌违，聚处非易，诵"携手上河梁"之什[25]，相对黯然。是日，梅岑有山左之行，送至通衢而别。同寓诸君，亦将星散，抚今忆昨，情景顿殊，世事变迁，大率如此。"送君者自厓而返[26]，君自此远。"庄生二语，足抵赠别诗千百，以其言有尽而意无穷也。宋子京[27]读之至欲流涕，宜已。

## 【笺注】

（1）春霆、中书舍人：春霆，陆以湉堂兄陆以润，字春霆，二伯父陆元鏸之子。中书舍人，掌书写诰敕、制诏、银册、铁券等的文职官员，为从七品。

（2）孙春沂、国子生应京兆试：孙春沂，陆以湉堂妹四姐之夫；四姐，陆以润妹。国子生应京兆试，以太学生资格应京兆尹（京师地方长官）考试。

（3）严比玉司马：乌镇人，与陆以湉同受业于沈鹿坪先生，情谊独敦。官滇南，咸丰初卒于任上。司马，雅称同知为司马。

（4）礼部主事：礼部郎中的属官，为正六品，主管文书事务的官员。

（5）玉合子：玉制的盒子。合，通盒。宋李彭老《生查子》词："罗襦隐绣茸，玉合销红豆。深院落梅花钿，寒峭收灯后。心事卜金线，月上鹅黄柳。拜了夜香来休，翠被听春漏。"

（6）昕夕：昕，黎明；昕夕，早晚。

（7）志亭侄喜曾：陆喜曾，字志亭，陆以湉堂兄陆瀚子。

（8）鞟（kuò）：去毛的兽皮。

（9）冁（chǎn）然：笑貌。

（10）赒（zhōu）恤：周济、救济。

（11）会墨：见《公车日记·四月》注（6）。

（12）丽：附着、依附。

（13）峄阳孤桐：峄阳，峄山的南坡；孤桐，可用作制琴的一种特生的梧桐树。峄阳孤桐，指精美的琴。

（14）决拾既佽：语出《诗经·小雅·车攻》。决，古代射箭钩弦的扳指；拾，护臂的革制套袖；佽，帮助调动。决拾既佽，安好扳指和护臂的袖套（准备射箭）。

（15）醵（jù）钱：凑钱、集资。

（16）食饩（xì）：清代经考试取得廪生资格的生员，享受廪膳补贴。饩，赠送人的粮食（给养）。

（17）李北海、颜鲁公、董香光：李北海，名邕，唐代书法家；颜鲁公，即颜真卿，因封鲁郡称颜鲁公，唐代大书法家；董香光，即董其昌，明代大书法家。

（18）捐馆：死的委婉说法。

（19）小李将军：唐代画家李昭道。其父李思训受封右武卫将军，人称大李将军；李昭道曾任扬州大都督将军，故人称小李将军。

（20）手谈：下棋。

（21）甍桷：瓦和椽柱，指代屋宇。

（22）貂蝉：汉代侍从官员帽子上的装饰物，后用作达官贵人的代称。

（23）行看子：画卷。宋楼明《题高丽行看子》："高丽贾人有以韩干马十二匹质于乡人者，题曰行看子。"

（24）县针格：即悬针竖，书法中竖的一种写法，即收笔成针尖状。

（25）"携手上河梁"之什：汉佚名《别》诗："良时不再至，离别在须臾。屏营衢路侧，执手野踟蹰。仰视浮云驰，奄忽互相逾。风波一失所，各在天一隅。长当从此别，且复立斯须。"

（26）送君者自厓而返：语出《庄子·山木》，意谓送行的人都从河岸边回去，你也从此离得越来越远了。

（27）宋子京：宋祁，字子京，北宋著名文学家、史学家。

# 四月十五日至五月十五日

四月十五日巳刻，开车南旋。偕行者宜轩、蓉塘、石庵，归安严六泉昌辰（辛卯）、周莲士宗濂（辛卯）。余与石庵同车。出彰仪门三十五里，过卢沟桥，桥长二百余步。河一名桑干，俗又称浑河。“卢沟晓月”为京师十景之一。五里至长新店宿。

着鞭壮志悔蹉跎，归计依然一钓蓑。
乡梦迢迢千里远，韶光草草半年过。
折来杨柳情何限，听到琵琶泪总多。
剩有囊中长剑在，酒阑醉眼几摩挲。
——下第出都感怀

十六日，四更行。五十五里至窦店尖。过一村落，疏林流水，远隔尘境。四十五里过涿州。城门有联云：“日边冲要无双地，天下繁难第一州。”出饼味绝佳，南方涿州饼盖仿此式，然远不逮矣。十五里至南皋店宿。

十七日，四更行。七十里至高桥尖。四十五里至雄县宿。大雨，闭置车中，如三日新妇，索索无生趣。

十八日，天明行。至任邱尖。雨较昨尤甚，迫注车中，行囊尽湿。平地水涨尺余，泥泞不可行。十里至开张铺，即投止。村舍馔无兼味，屋宇卑湿，窗纸破碎，蔽以苇帘。入夜，风寒袭人，不能成寐。是日与宜轩、莲士相失。二君乘小车，行速故也。

十九日，天明行，风急雨渐止。四十里至河间二十里铺尖。遇莲士，知昨夜宿此。宜轩欲速归，已先行。午后晴，日在地，争曝衣衾，拟明日就途。

二十日，四更行。蒋家桥尖，献县宿。此地非正站，土锉蒿床，残羹冷炙，凄然行役之感。

二十一日，四更行。数里至小溪，将及岸，车忽倾侧，一轮欹陷于水。梦中惊起时，斜月在天，露气如雨，寒浸衣袂，噤之道中。俟后车至，集众牵车就岸，乃得行。犹幸车已及岸，人物未损，设距数武陷溪中，困顿更不可问。事后追思，弥深悸栗。是日，莲士至一溪，轮陷泥中，四面皆水，马力疲，不能行，势欲欹侧，幸同行车众，得一善御者引援，乃就岸。富庄驿尖。阜城县宿。

二十二日，四更行。晨过一桥，车轮触石覆桥上，适蒙衾而卧，不致扑损，然惊悸之余，觉步步皆荆棘矣。非屡遭颠沛，安知行路之难乎！自京师至江南，路皆平旷，惟雨后水溢，未免艰于跋涉，非若秦晋黔蜀之地，山高涧深，危险可怖也。然偃蹇[(1)]道途，已觉风尘憔悴，视家居闲适时，不可同日语矣。

二十三日，四更行。甜水铺尖。腰站宿。天气炎热，局处车内，郁闷不堪，较甚于入都时。

二十四日，四更行。新店尖。茌平宿。是日天有云，暑气稍减，偕石庵自新店骑驴行五十里。驴体轻稳，然好屈前蹄，令骑者欹坠；又常就溪边及高阜处行，以惊骑者，其性殆阴而谲者也。

茌平寓壁题词二首，声情激越，使人之意也消，录之：

## 赠歌者秋桂

茅店月黄昏，不听清歌已断肠。况是鹍弦[(2)]低按处，凄凉。密雨惊风雁数行。

我自鬓毛苍，怪汝鸦雏恨也长。等是天涯沦落者，苍茫。烛

灺樽空泪满裳。

宛转拨檀槽[3]，浑似秋江涌怒涛。《乐府》于今如呓语，魂销。劝汝人前调莫高。

上客《郁轮袍》[4]，惭愧村姝慢捻挑。卿唱新词吾亦和，萧骚[5]。今古怜才是尔曹。

问肆主秋桂近状，知已归江南贵公子。岂一经品题，遂脱离苦海耶？闻此地歌鬟至多，来二十余人，鲜当意者。最后名芳蘅者，丰神娟秀，歌亦清越，即用“念重”原调口占一阕赠之：

掌上能盈盈，月頞[6]云鬟百媚生。斜拨么弦弹续续，凄清。个是销魂第一声。

心绪诉分明，听向樽前泪欲零。我亦风尘沦落客，输卿。尚有天涯识曲人。

是夕，就枕后闻隔院丝竹声尚袅袅不绝，凄婉动人。孤灯莹然，不能成梦。复讽《念重》词，感触情怀，百端交集，因填《金缕曲》以寄意：

落魄风尘里，问天公，男儿怀抱，几时才遂？排日[7]长安花事闹，输与少年同辈，好重课砚田[8]生计。袖底空余长铗[9]在，看茫茫人海谁知己？歌一曲，唾壶碎[10]。

夕阳村店聊停辔，怅萍踪无端漂泊。此身如寄，十笏黄金挥欲尽，仍作还家季子[11]，尽领略凄凉况味。潦倒天涯携旧侣，对青灯共洒穷途泪。旗亭酒，且同醉。

二十五日，三更行。桐城驿尖。天热甚，道旁见村舍数椽，破扉短垣，绿阴回绕，老妪设茗椀[12]于几，以俟行者。舆子感，就饮。余与石庵亦下车，箕踞茅檐下，引一壶啜之。仆仆赤日中，到此便如入清凉世界。因忆往岁在家，蕉窗梧径，偃仰其侧，尚愁炎暑，设今日处之，不知若何快意矣。人苦不知足，岂虚语哉！

夜宿旧县。歌者蚁集，率皆俗物，同人咸阖户拒之。此辈半为饥寒所迫，一朝堕落，苦海长沦。香山《琵琶行》至今读之，衣襟泪湿："门前冷落车马稀，老大嫁作商人妇。"安得持此二语，唤醒一切也。

二十六日，三更行。东平州尖。汶上县宿。

二十七日，三更行。高吴桥尖。邸舍后，小轩临水，古树夹岸，清风徐来，披襟当之，几忘身在尘市。时日未向午，马犹在槽，舆子争就涧中浴。食后无事，遍观壁上诗，皆伧父[13]手笔，鲜惬意者。夜宿山店。

二十八日，三更行。界河尖。南沙河宿。武林同年吴次龙春涛、金愿谷丙燮、徐访斋允伦、黄菊人曾同寓，团坐清谈，兴殊不恶。菊人好弈，携秤自随，招余对局，胜负未决，为舆子促行而散。

二十九日，三更行。临城驿尖。见题壁四绝句，词意清婉，殆女子所作，惜不书姓名。其诗云：

河广难杭莫我过[14]，未知安否近如何？
暗中时滴思亲泪，只恐思儿泪更多。

木末开花柿叶稀，旗亭分手泪沾衣。
怜君身似江南燕，又逐西风向北飞。

但离别处即天涯，若个离家不忆家？
自笑欲归归未得，也将归信卜灯花。

酒绿灯青夜语中，家乡同隔海云东。
伤心一种天涯客，卿是飞花我断篷。

夜宿阴平蓉塘，题壁诗一首。余和之。

夜店溪桥又夕阳，重来风景倍凄凉。
何须更听琵琶曲，已湿青衫泪数行。（原作）
一角青山指峄阳，挥鞭好趁晚风凉。
年来不少相思泪，怕见长堤柳万行。（和作）

三十日，三更行。马兰屯尖。邸室三间，门对小溪，榆柳萧疏，时闻鸟声；青山数点，遥逗林缺。就溪上坐，复入觅壁上诗。寥落数章，皆肤浅不足观。食后题壁一绝，即用昨日韵。信笔所之，殆亦难免肤浅一字评也。

近水三间屋向阳，披襟快挹柳风凉。
关心欲觅骚人句，阅遍墙头字几行。

——夜宿岔河

五月初一日，三更行。官河尖。堰头宿。至堰头时尚早，偕同人闲步郊外。晴霞在空，归鸦数点飞夕照中。田舍六七家，疏篱回环，鸡犬成队。田夫方荷锄归，口中作喁声。妇女童稚，皆有自得之色。觉羲皞气象(15)，去此未远。复过一径，深树丛郁。忽闻磬声铿然，入林踏夕阴，屈曲行数十步，至一兰若，轩庭寂寥，别有天地。吾辈终日逐逐风尘，形神交瘁，不及此中人多矣。

步屧(16)探幽古道边，松林深处屋三椽。
绿阴满地夕阳淡，孤磬一声人悄然。

——题古寺壁

是日，浮云蔽空，不见日色。至中途，舆人饮马于溪。疏村小桥，远隔尘境，因下车微步，口占一绝纪之：

晴云锁远村，独鸟下前渡。
溪午寂无人，樵歌出深树。

——野步

初三日，三更行。仰化尖。众兴宿。至市口，阛阓喧阗，估客毕集。登河堤，见南来粮艘，衔尾相接，时适顺风，其行甚速。

初四日，黎明行。至王营即渡河。

初五日晨，开舟。夜泊宝应。

初六日，至高邮，观竞渡。夜泊露筋祠。《露筋祠诗》，阮亭作。遗貌取神，最得事外远致。诗云：“翠羽明珰尚俨然，湖云祠树碧于烟。行人系缆月初堕，门外野风闻白莲。”先伯父乡石公(17)，亦有《晚过露筋祠诗》云：“野火神祠驿路迎，风蒲猎猎晚寒生。一声孤棹唱歌去，明月欲来江水清。”殆不亚于阮亭作。

初七日，至扬州。往严昆圃处，攀留甚挚，不得已允之。辞同行诸君，迁行李入城。

初八日，访客至江都署中。有联云：“恰好对三分明月，还须存一片冰心。”又云：“行当所行，不为已甚；慎之又慎，未敢即安。”

夜与昆圃谈旧。雨窗剪烛，情话无极。就枕时，已漏下五鼓矣。

初九日，访客。午后，偕昆圃游湖上。出北门，至莲性寺。内有琊玛塔，塔下有台，旁植桂树甚繁，绿阴蔽檐，尘氛都绝。复登潜山，因山为寺，结构曲折，佳卉吐芬，点缀映媚。有“月观风亭”“长春岭”“湖上草堂”诸胜。旋过红桥，朱栏夹岸，游人坐六桂船，出没于花阴柳色间，丝竹之声不绝。桥侧有洪氏园，

颜曰“红桥修禊”。岛屿楼台，连亘数里，惜已倾圮。抚景徘徊，不禁有盛衰之慨。又行三里许，至平山。以江南诸山环列于前，与此堂平，故曰平山。拾级而上，松篁夹路，渐入佳境。山颠有擘窠大字曰：淮东第一观。乃秦少游句，江南名士蒋衡所书，笔势奇逸。遂诣平山堂，吊文章太守[(18)]，叹古人不为我见，诵“绿衣”“诗尾”[(19)]二语，怅然者久之。堂中伊墨卿[(20)]太守秉绶题联云：“隔江诸山到此堂下，太守之宴与众宾欢。”旁有寺曰“法净”，祀地藏神。楼曰“平远”。凭栏纵眺，心目为舒。下山解缆，斜日已冉冉西堕。过汉寿亭侯祠，内有云山阁。复登眺移时，暮色一湖，都入户内。遥见半湾月影已挂林缺，因登舟鼓棹而返。是日，得诗五首。吾友比玉（即昆圃伯兄），昔在维扬，曾赋纪游诗二十首，风神秀绝，酷似渔洋，今惜相隔万里，不获同与兹游，因作七律，末句及之。

步屧招寻绿水湾，红桥深处路回环。
晚风萧管花边棹，斜日楼台画里山。
欲问故宫余蔓草，试寻断碣过禅关。
天涯却忆同心侣，未及携樽共往还。

——偕昆圃游湖上兼怀比玉滇南

选胜平山上，招提[(21)]信步过。
谷深云气湿，树古鹤巢多。
一磬落虚牖，万花明曲阿[(22)]。
欧公遗墨在，吊古重摩挲。

——游平山堂

探奇城北隅，雅游屏冠盖。
扁舟傍堤行，柔桡破青霭。

空山四无人，古径荫松桧。
侵寻过禅室，寂静此为最。
栖檐独鸟瘦，堕地仙鼠太。
石床积阴气，泉壑喷清籁[23]。
登高复遐瞩，清景旷如绘。
回视来时舟，依稀水云外。

——登潜山

花开花落复谁看，旧日繁华事已残。
惟有天边一轮月，夜深仍照玉栏杆。

——洪氏废园题壁

雨余新涨满溪头，白舫青帘引胜游。
惯是月明风定后，笛声齐度小桥楼。

——红桥晚归口占

又作小词《城头月》一阕：

天涯载酒携佳客，花底闲浮拍。
碎锦粘波，明妆夹岸，真个香成国。
前溪新涨平堤碧，小驻嬉春迹。
四面轻风，一身凉影，卧听船唇[24]笛。

——红桥舟中即事

初十日，至盐门桥，列肆皆售骨董，颇有佳者。复游东园，不及洪园宽广，而亭榭尚好，窗户轩楹着色皆淡。小池荷花已开，清风徐来，幽香可挹。园中梅树尤多，老干纷披，多数百年物。

占得幽居乐，园林少俗情。
石奇皆入画，树古不知名。
虚阁藏云回，长堤夹水平。
底须丝与竹，风景有余情。

——游东园

十一日，昆圃留余尽维扬胜境，因思家切，约以异日。晚别昆圃，登舟夜行。泊由闸关。

十二日晨，过临江，行经金山下，风利不得泊，未及登眺为恨。遥望焦山，烟黛环列，若相迎迓。谚云：“焦山山里寺，金山寺里山。”金山在江心，楼殿亭台，妙极精丽。焦山在江岸，峰岩曲折，树木幽森。浓抹淡妆，各擅其胜。至京口小泊即行。

十三日晚，过无锡，望慧山。山旧名九龙锡山，即其东峰。夜泊新安镇。

十四日晨，抵浒墅关，关吏怒目向人。此辈假威苛索，民之寇，国之蠹也。阮文达公抚浙时，有联示关吏云：“古昔关无征，后世不得已而设关，当知此意也。国家赋有额，小民如其分以输赋，可使之怨乎！”仁人之言，其利溥矣！午后入城访客。夜，风大不能行，泊枫桥。

十五日，黎明行。风帆迅疾，傍晚即抵里门。

【笺注】

（1）偃蹇：困顿。

（2）鹍弦：用鹍鸡筋做的琵琶弦，泛指弦乐乐器。

（3）檀槽：琵琶一类乐器上架弦的格子。

（4）《郁轮袍》：古琵琶曲。一说即《霸王卸甲》。

（5）萧骚：萧条、凄凉。清西泠酒民《蝶恋花·秋日湖上》词：“一片明湖歌舞旧，景色萧骚。凭处堪回首。”

（6）頞（è）：同“额”。

（7）排日：每天、逐日。

（8）重课砚田：课，讲授或学习；砚田，文墨生涯。重课砚田，重拾文墨生涯。

（9）长铗：冯驩长铗故事，喻因怀才不遇而思归。

（10）唾壶碎：即成语“击碎唾壶”。把痰盂的边沿都敲碎了，形容对诗文的高度赞赏。

（11）还家季子：季子，即季札。春秋时，吴国公子季札出使鲁国，途径徐国，徐君主喜爱季札的佩剑，有索取之意，季札就决定将剑赠送给他。但佩剑是出使的一种仪式，他还未到鲁国，不能马上送他，打算回来时再赠予。不想待他返回时，徐君已死，季札便将佩剑挂在徐君墓前的树上，没有食言。

（12）椀：同“碗”。

（13）伧父：粗俗鄙贱之人。

（14）河广难杭莫我过：河道很宽，但难以航行，并非我的过错。杭，即航。

（15）羲皞气象：羲，伏羲；皞，太皞。羲皞气象，意为远古的三皇五帝时代。

（16）步屧（xié）：屧，鞋；步屧，行走。

（17）乡石公：陆元鋐，字冠南，号乡石，陆以湉伯父，乾隆丁酉举人，丁未进士，官礼部仪制同主事，擢员外郎，由记名御史简放四川成都府，补雅州，调宁远。补广东惠州府知府，旋调高州，以失察被劾。力捐复选甘肃庆阳府，又以失察被劾，遂绝意进取。主讲陕西同州书院；归，复主讲太仓梓亭书院及嘉兴鸳湖书院。年七十卒于家。

（18）文章太守：语出欧阳修《朝中措》词：“文章太守，挥毫万字，一饮千钟。”

（19）绿衣、诗尾：绿衣，《诗经·国风·绿衣》：“绿兮衣兮，绿衣黄里。”诗尾，不详。

（20）伊墨卿：伊墨卿，字祖似，号墨卿，清代书法家。

（21）招提：寺院的别称。

（22）曲阿：屋的曲角，泛指屋宇。

（23）清籁：清亮的声音。

（24）晷：同“晨”。

# 楚游录

# 目录

# 自叙

道光十六年冬，官游武昌，阅三月改官，又六月归，迄今十有八年矣！客有问于余曰："子不改官都中，而必待游楚后劳神费财，得毋悔于心乎？"则应之曰："余非此游无以悉世途之艰虞，人事之无常，而广我见闻以坚我志也。无以识彼都之贤士大夫，接其言论丰彩以辅我学也。抑数千里江山之胜，非此游莫由娱目而骋怀焉。夫何悔夫！使余游楚而恋于楚，异日之悔当有不可胜言者。游焉而即舍焉，则其游正未可已也，又何悔！"

独念改官时，人罔不以余策为非。有谓："制府与子有文字缘，将优视子，盍少待？"有谓："由州县起家为达官多矣，子之才非不能胜任者，奚可以小就终？"苦口尽言，几为所沮。独汉阳太守蕉雨杨公深然余言而许之，余亦因是而决计焉。

去楚未几，制府移节他方。后来者，猛厉将事，百僚悚息(1)。同年刘君宰麻城，方盛年，以小过罢官。同年胡君，以亏帑(2)忧悸死，母老子幼，闻者惨恻。而余至今犹得以校官之禄养吾亲，是惟杨公知我之深，爱我之切，而大有造于我也。然则自有此游，乃益信余之改官为得计也。且此游也，神虽劳而历其劳，不愈觉逸之可乐乎！所费者财耳，而财之外，所获不已多乎，而又何悔乎！

既告之客，遂书于《楚游录》卷首，以为叙。咸丰五年二月望日，七上黄鹤楼散人陆以湉书于武林郡学之冷斋。

〔手录者叙后有批：赴楚时曾否挈眷及侍亲同行？应须载明。〕

## 【笺注】

（1）悚（sǒng）息：因惶惧而屏息。

（2）帑（tǎng）：古代收藏钱财的府库。

# 道光十六年十一月六日至十二月初十日

道光丙申会试释褐[(1)]，以知县即用签掣[(2)]湖北。五月，请假言旋，由运河行，八月十三日抵里门。诹吉[(3)]于十一月六日启行赴楚。

十一月初六日，午刻行，顺风。夜泊周家浜。

初七日，黄昏抵苏州，泊阊门外。

初八日，谒苏州太守周年丈岱龄，不见。见丈之同年沐润。访杨砚生大令孙芝。夜泊南濠。

（砚生，松阳籍，壬午举人，乙未大挑[(4)]一等，分发江苏，余于都中相识，工诗善书，雅人也。）

初九日，晨至虎邱，风大不能行。泊山塘。

初十日，四更行，风犹大。稍缓，于巳刻出浒墅关。夜泊新安汛。

十一日，夜泊神店桥。

十二日，天气暖和。黄昏过吴桥镇，属宜兴县，设巡检司，人烟繁盛。去无锡百二十里。夜泊花园桥。

十三日，午过杨巷镇小泊。去吴桥八十里。

十四日，未刻抵东坝。

十五日，过下坝坐中河船，十里至上坝。雇高淳船，申刻行，十五里至湖口泊。

十六日，顺风，晨过高淳湖至高淳县，有大环桥。夜泊乌东港。

十七日，十里至黄池，小泊即行。午后抵芜湖，雇青山船。

十八日，在芜湖。

十九日，自芜湖浮桥口放船。泊关口。

二十日，晨行，七十里抵旧繁昌泊。

二十一日，夜泊大通镇。

二十二日，风不顺，泊大通。

汀州云树远连天，东望乡园路渺然。
数点归鸦秋水外，一声寒雁夕阳边。
山厓叶落见樵径，江店酒香来客船。
翻喜布帆风力缓，江程清景遍留延。

——江行即景

二十三日，泊大通。

二十四日，午后行数里，风逆即泊。

二十五日，西风，不能行，泊黄家套。距大通三十里。

二十六日，黄昏，行数里，风骤大，即泊。

二十七日，晨行，北风极大。行百四十里至黄盆口，不能行，遂泊。时刚正午。

二十八日，晨行，北风仍大。辰刻至安庆府，小泊即行。抵花杨镇泊。距黄盆口百七十里。

二十九日，晨过小孤山。高峰兀峙，砥柱中流，为吴楚扼隘之所。黄昏风小，舟子引缆行，二十里至九江关外泊。是日行六十里。

江树苍茫外，人烟入望遐。
楼台临水回，城郭抱山斜。
清阔通渔市，滩凹聚客槎(5)。
高风忆陶令，愧我正离家。

——过彭泽县

三十日，泊九江。船户至关纳木料税。游琵琶亭，在九江府城外东偏。乾隆癸亥，唐观察英庚重修，增筑楼廊。楼有白傅[6]像，是南熏殿本[7]，歙人方体摹。楼额曰：江天遗韵。前俯大江，后对庐山，近若可接。左古木千重，右人烟万井。楼下画廊环绕，地极幽旷。唐观察题句云：“今古商船多少妇，更谁重此听琵琶。”殊寓感慨。亭外有碑，乾隆间九江府同知田文龙所立。题曰：唐江州司马白公送客处。

空亭寂寞大江浔，欲问琵琶调已沈。
自昔佳人多薄命，最难失路得知音。
青衫红袖同销歇，明月寒潮自古今。
几辈天涯沦落客，登临应共泪沾襟。

——琵琶亭

十二月初一日，晨行二十余里，西风大，乃泊。傍晚风息，引缆行二十余里，至团镇泊。

初二日，行未一里，西风仍大，即泊。楚中回空粮船，因阻风，沿岸泊。（湖北湖南粮船各三帮，帮各六十只。）

初三日，守风。

山脚暮云合，凉痕生客衣。
风高禅磬出，日落钓船归。
霜叶和烟堕，沙禽带水飞。
寻幽江岸近，信步问渔矶。

——江干晚眺

初四日，午后风顺行。夜泊田家镇。距团镇八里。

初五日，行四十里至蕲州。访孙小航刺史，承恩留午饭。为言楚北官途近状，远逊往昔。饭罢即行。二更泊舟散花料，距蕲州九十里。

（小航为仁和同年，璜溪孝廉熊庆之侄。璜溪属致家书、食物。）

初六日，行百十里，至黄州泊。去府城三里。同泊舟百余。夜半，邻舟呼有贼，舟人咸戒严。阅半时许，复有喊贼来，遂不眠达旦。

初八日，行六十里，至团风镇。风逆，岸泊粮船甚多。舟子撑篙行数里，始张帆。黄昏泊袁家州。

初九日，至青山泊。舟子家在此，争携货上岸，喧阗至晓。

初十日，顺风。

【笺注】

（1）释褐：脱去平民衣服。喻任官职。

（2）签掣：抽签。明清时吏部选授迁除官吏的方法。

（3）诹（zōu）吉：选择吉日。

（4）大挑：清代从举人中选官的一种制度。清制，举人经会试三科未录取，即由礼部分省造册，咨送吏部，钦派大臣面试拣选，称“大挑”。始于乾隆十七年（1752），每六年举行一次，十取其五。选取者分二等，一等以知县试用，称“大挑知县”；二等以教职铨补。

（5）槎：同“楂”，木筏，泛指船。

（6）白傅：白居易。

（7）南董殿本：明故宫南熏殿藏本。

# 十二月十二日至道光十七年四月初十日

十二月十二日，到湖北省城。公馆在都府堤。

十三日，遣仆至诸大吏署禀到。

十四日，谒大吏，拜同僚，四日甫毕。

望尘趋谒叹劳生，到此方知俗吏轻。
盼到折腰亦非易，踵门三日未通名。

——志感

属吏谒上官有定期，俗谓之“上衙门”，非乞假，必按日。到湖北上衙门日期：总督署五、十，巡抚署三、八，藩司署二，臬司署七，首府署四、九[(1)]。以后排日上衙门，不备志。

十七年正月初一日，四更，往万寿宫俟诸大吏。朝贺毕，复至文庙。旋诣诸大吏署贺禧。

初八日，午刻，武昌府司狱张君士彦招饮。

十三日，卯刻，廉访程公铨摄藩司篆[(2)]。寅刻往伺候。午刻，同僚乔伯庸守中招饮。

十四日，午刻，同僚夏憩亭樾招饮。

十五日，观察刘公肇绅，命代诣宣润龙王庙行香，五更赴庙。行礼毕，即至武庙，伺候制府行香。

（刘公，洪洞籍，在楚需次[(3)]。）

十六日，午中宴客，来者五人：许君虎拜、程君梯、陈君世圻，同年胡桂山馨、刘怡堂维禧。

（丙申同年，分发湖北者三人。桂山，南昌籍，正直不阿；怡堂，咸阳籍，壬辰解元，有文名，人亦温雅。）

十七日，辰刻，汉阳太守杨公炳堃招饮。席设汉阳府公馆。席罢，以书一册相贻，名《三益编》，言吏治綦[4]详，有裨官学。

（汉阳府与武昌府对岸，仅隔一江，是以并称首府，设公馆于省城。杨公，号蕉雨，归安籍，嘉庆癸酉拔貢，敦同乡谊，款接异恒泛。）

午刻，江夏令旷君成春、汉阳令周君向青招饮。席设江夏县署。优人演剧侑觞，色艺俱劣，殊败人意。座客各赏千二百钱。

十八日，午刻，武昌太守公崇善招饮。（上官宴席，县令需次者，送押席银二两，杂犒钱三百。虽寒素，不能不从众也。）

〔插页：素不能不从众也。武昌府署楹联甚多，周太守廷绶所题最佳："十城表率，九郡光驱，亿万姓属目相看，刑赏惟求孚众志；廿载司曹，一麾出守，二千石仔肩孔钜，清勤不敢负家声。"〕

十九日晨，中丞周公之琦命对本，午刻开印。在中丞署，伺候方伯[5]张公岳崧赴都陛见，未刻启程，至皇华观送行。晚，同僚陈君世圻招饮。

二十日，晨刻，同僚何君谓珍招饮。

二十四日，荆宜施兵备道[6]梁公宝常摄臬司篆来省，午刻至皇华馆候接，向晚未到，探知在中关泊宿。

二十五日，卯刻，黄州太守公成善摄武昌府篆，往贺。（太守公崇善卓异引见。）

二十八日，丑刻，梁观察接臬司印，往贺。午刻谒见。午后，至江夏县署观审案。

二十九日，午后，至武昌府署观审案。此后无时即往府县署

观审案，不备志。

二月初一日，五更，赴文昌阁伺候廉访程公行香。凡上官所至之地，先往俟其出舆，升舆。时排立其侧，谓之站班。其于上衙门时，则站立官厅门外，肃容屏气，俟上官过，乃敢入。朔望行香，不能遍至，则由首县传知诸人分诣各庙。是日，余与胡桂山偕，言及伺候上官之苦，因改翰林口号“一年事业惟公会，半世功名只早朝”二句云：“终朝事业惟跑路，毕岁功名只站班。”桂山戏作联语云：“寒城跑路满面尖风，古庙站班一身清露。”相与慨叹久之。

诣制府署对本，在署东南隔园池上草堂。

初二日，午后，蕉雨太守命送审结京控案犯至臬司署。

初三日，中丞[7]祭文昌，四更往伺候。巳刻，制府恭上御赐“福”字于大堂，往贺。即出保安门，至长桥送制府赴湖南阅兵。

初四日，部文至，省知制府公讷尔经额左迁湖南巡抚，江苏巡抚林公则徐[8]擢授两湖总督。

初五日，周中丞祭武庙，五更往候。太守公崇善巳刻启行赴都，往皇华馆送行。至楚后，抛弃书卷，耳所聆者，皆功利之说；目所接者，尽案牍之辞；又复劳劳趋走，形神交疲。乃僚友中有以是为至乐者，士各有志，不可强也。

欲问名山乐，仙凡境已分。
羁愁深似水，官味薄于云。
扑面风尘俗，劳形案牍纷。
赏奇怀故侣，天末怅离群。

——即事

初七日，奉臬司札，委汉阳公馆随同审案。

初八日，程廉访祭宣润龙神庙，五更往伺候。庙在城西南隅，旁有杨清端公祠。

初九日，丑刻，文庙行丁祭[9]礼，寮寀[10]毕集，升堂观祭器。

十五日，卯刻，梁观察至文庙行香，往伺候。辰刻，周中丞接总督印，往贺。

十七日，周中丞甄别汉阳书院诸生，奉于莲亭观察克襄命，往监试。辰刻，中丞至贡院，诸生实到九百五名。午刻，键门命题，四更讫事，计收八百八十二卷。是日共事者为胡桂山。

（于公，文登籍，嘉庆乙丑庶常[11]。）

十八日，黎明，偕胡桂山谒于观察，缴书院试卷。试卷由于观察送中丞署。

十九日，周中丞命阅书院卷，辰刻至中丞署。同阅卷者许小山虎拜，胡桂山馨林，栎夫、寿平，在署西偏含晖堂南书室中。是日阅卷五十卷，晚饭后归。

二十日，中丞署阅卷七十本。

二十一日，中丞署阅卷七十本。

二十二日，中丞署阅卷五十本。午后，至汉阳府公馆，阅晴川书院试卷，应杨太守命也。同阅卷者许小山、刘怡堂、胡桂山、林栎夫、魏治轩之文。

二十三日，周中丞传见，命以所阅书院卷分四等，因定上取二十本，次取三十本，又次取六十本，不取三十本。

二十四日，汉阳公馆开卷。

二十五日，汉阳公馆阅卷六人，拟定生监超等三十本，特等三十本，一等五十本，不取七十八本。童生优取四十本，上取六十本，次取百本，不取三百九十七本。

二十六日，奉杨太守札，委汉阳府公馆发审局审案。

二十九日，辰刻，太守公成善招饮。午后，登黄鹤楼。楼在黄鹄山上，为长江第一绝景。拨冗一游，惜未穷揽其胜。

三月初一日，梁观察武庙行香，五更往伺候。

初四日，偕许小山、刘怡堂、胡桂山、苏君在中（公安县令）、马君秉琨（试用县令）游刘园。园在城东北隅崇府山上，明藩崇阳王故址。园主人刘姓，建于乾隆癸丑岁，学使吴白华省兰题曰“霭园”。武昌太守刘纯斋锡嘏为作记，复题联云：“挹朝爽西来，杯底岚光飞隔岸；望大江东去，檐前帆影度遥空。”园第一门西向，内有隙地数亩，缭以垣。有祠祀花神，题联云：“五百年为园主人，高台曲池，点缀江城如画里；十二因[12]催花使者，和风甘雨，氤氲香园得春多。”北设茶社，榜曰“来鹤”。游人于此小憩。第二门在东北隅，南向，有“梅苔”“鹤露山房”“小天台”“白华亭”诸胜，俱在东偏西向。小天台之西，有“佳山草堂”，向南可望江景。入第三门一小径，东有“吸江”“春草”二亭。径尽，有堂三楹向东，颜曰：“一池秋水半房山”。堂东有池，池东有树，丛阴蓊郁，远隔尘境。堂之北，即主人内室。园不甚宏敞，而因山结构，幽邃深静，兼揽江天远景，足为登临胜地。

一径穿云入，楼台漾碧虚。
人为盘谷隐，地是辋川[13]居。
旧作藩王斋，今成处士庐。
不胜怀古意，凭眺重踌躇。
莫负山林胜，幽踪此暂淹。
江声走虚壁，岚气逼深檐。
古砌蟠籐瘦，疏篱引蔓纤。
好时扪石赏，（吴白华学使有诗刻石）写景韵重拈。

——霭园

初五日晨，往皇华馆候接制府林公。午刻，林公登岸，即入城。随至署伺候接印，禀贺。

绕持手版[14]下公厅，又向邮亭伺送迎。
镇日奔驰缘底事？文章经济两无成。

——偶作

初七日，午刻，谒见制府林公。同见者八人。公居主位，于各人履历下用笔书识数字。

初八日，林制府、周中丞至江汉书院送诸生入学，司道以下官俱至。卯刻，往伺候。山长陆立夫太史建瀛（河阳州人），以素服辞，行交拜礼。是日，太守公成善往勺庭书院送童生入学。山长陈韵石，大令瑞球（罗田县人）。

初十日，诸大吏至先农坛劝农。坛在大东门外十里许。余黎明先往。辰刻，行劝农礼，观者如堵。礼毕，江夏县令设酒筵于洪山宝通寺。诸大吏皆辞；太守以下皆就食。寺在山麓，殿宇宏整，方丈位置精雅，树石苍然。饭后，由方丈东石径登山，高二百余级，有殿名“接引”，阁名“藏经”，皆圮。山巅浮图七层，高出云外。同人有登塔者，余以脚力弱不往。小立塔下，遥望江水，浩渺无际，隔江诸山，苍翠可挹。是日，天色晴朗，游人蚁集，乘兴游盼，所谓“偷得浮生半日闲”也。

石磴通幽路郁盘，攀跻远接白云端。
风来竹影摇虚幌，雨过苔痕上曲栏。
胜境偶乘佳日到，好花惜在异乡看。
禅房许住尘劳客，愿共诗僧（僧静因能诗）结素欢。

——洪山宝通寺

十一日，制府署对本。

十二日，中丞署行秋审故事。督抚面南坐堂上暖阁，司道旁坐堂东西。犯九十一名，由东角门入，跪堂下。各赏钱四百，馒

首八，蒲扇一，毛巾一。叩头领讫，由西角门出。

申刻，制府大人进署，往贺。司道以下皆至；有出城接者。

十五日，梁观察文庙行香，四更往伺候。诣制府署，见牌谕：在省候补、试用、作杂官员，每日挨次传进六人，各赍纸笔面试，作论一首，以百余字为率；不能作者听，只写履历三代。

鸡鸣戒旦起匆匆，几队班联伺候同。
可惜阳春好风月，尽抛听鼓应官中。

——漫成

十七日，丑时月蚀，诣臬司署随班行护月礼。

林制府委晴川书院监试。午后，过江谒见汉阳太守杨公，旋至汉阳县署宿。

十八日晨，赴汉阳府试院，偕监院魏学博廷有（汉阳县教谕，德安县人）点名。太守前月取书院生童三百十名，实到二百六十四人。夜宿试院。院为熊次候学士故宅，雍正七年，其孙祖旗、祖旆捐为试院。乾隆间，学使白华吴公省钦，名其堂曰“流万”，取“不废江河万古流”之意。有祠祀。

是日，天气热甚，础润欲滴。黄昏大雨。

崇祠堂庑旧横经，巨笔煌煌示典型。
一代高文关气运，千秋福地萃英灵。
传贻谁得探珠秘，沾丐争怀剩粉馨。
见说江河同不废，万间长庇子衿青。

——题汉阳府试院

十九日，大风，不能渡江，与程蓉斋梯（时奉委在汉阳县审案）谈良久。未刻，风稍缓，假周苏门所坐太平船渡江，诣制府署缴卷。

制府欲观点名原册，晴川书院以向不送册，未及携取，乃令人过江索册，次日赍呈。

客路迢迢汉水边，江城百里着鞭先。
平堤芳草沽春地，细雨垂杨送别天。
救世情怀殷拯溺，宜民事业重烹鲜。
公余不少登临兴，更有新传万口传。
——乔兰沚守中代理沔阳州事以诗留别和韵寄答

二十日，林制府命阅书院试卷，辰刻谒见，至池上草堂，共事者八人。制府出图章八，命各拈一方印，评纸为记：

七十二峰楼　后乐亭　后乐亭主人　本来面目
为学心难满　书生结习　云左山房　三仕江南

二十一日，阅卷，傍晚毕。汉阳书院卷四百四，晴川书院卷二百十四，勺亭书院卷百五十五。余阅百八十七本。

二十二日，大吏连日祈雨，今日至城隍庙，往伺候。

二十四日，署臬司事梁公命对秋审册，以《关帝圣迹图志》见贻。

二十五日，诣制府署。制府林公贻《检验集》，州县官人各一部。

四月初二日，留须。

初三日，周中丞课试江汉书院肄业诸生，往伺候。

初四日，周中丞命阅书院试卷，共事六人。

初五日，阅卷。

初六日，阅卷，傍晚毕。余阅百九十本。

初七日，张方伯自都旋省，出汉阳门接，午刻进署。

初八日，张方伯接藩司印，程廉访接臬司印，往贺。

初九日，周中丞命对秋审本，同事五人。

初十日，对秋审本。

【笺注】

（1）总督、巡抚、藩司、臬司、首府：总督，清代最高地方长官，总揽一省或两三省的军政大权，又称制府。巡抚，位在总督之下，主管一省的军政、民政。总督、巡抚合称督抚。藩司，即布政使，为巡抚属官，专管一省或数个府的民政、财政、田土、户籍、钱粮、官吏考核，沟通督抚与各府县。臬司，提刑按察司的别称，主管一省司法；也借称廉访使或按察使。首府，即知府，又称府尹、太守，地区一级长官。

（2）廉访、篆：廉访，即廉访使，主管监察事务。篆，官职。

（3）需次：官吏授职后，按资历依次补缺。

（4）綦（qí）：极、很。

（5）方伯：原指一方诸侯之长，后泛指地方长官，明清时对布政使（藩司）的尊称。

（6）兵备道：全称整饬兵备道，道员之一，节制省内都司、守备、千总、把总等武职的道员，隶属于巡抚。

（7）中丞：对巡抚的尊称。

（8）林则徐：据史料记载，道光十七年（1837）正月，林则徐由江苏巡抚升任湖广总督（陆以湉日记记录的是两湖总督）。十一月受命为钦差大臣，前往广东禁烟。又据《中国近代文学大系·日记集》，林则徐于道光十九年（1839）任湖广总督，相差两年。由此看来，陆以湉日记所记是准确的：道光十七年（1837）任两湖总督，道光十九年（1839）才任湖广总督。他在两湖总督任上，实际是一年余时间。

（9）丁祭：祭孔之礼，每年春秋二祭，均在仲月上丁，故称丁祭。南宋方岳《丁祭》诗："紫薇花下玉丁东，夜午牵牛亦未中。孔壁尚余金石奏，卷班翻过玉成宫。”

（10）寮寀：官舍，引申为官的代称。又指僚属或同僚。《文选·张华〈答何劭〉诗》：“自昔同寮寀，于今比园庐。”

（11）庶常：庶吉士的代称。《书·立政》中有庶常吉之语，故有此称。

（12）十二因：即十二因缘，为佛教重要基础理论。指从“无明”到“老死”这一过程的十二个环节，因果相随，三世相续，而无间断，使人流转于生死轮回大海，不得以出。佛教将世间一世因果扩至三世因果，即可解释关于社会中同类不相应现象。

（13）盘谷、辋川：盘谷，唐代僧，志气超迈，博究经史，性乐山水，尝自谓：“足迹半天下，诗名满世间。”辋川，陕西蓝田县一条风光秀丽的宽阔川道。唐代诗人王维曾隐居于此，其《辋川别业》诗曰：“不到东山向一年，归来才及种春田。雨中草色绿堪染，水上桃花红欲然。优娄比丘经论学，伛偻丈人乡里贤。披衣倒屣且相见，相欢语笑衡门前。”

（14）手版：即手本，下级官员谒见上官时所呈递的名帖。清代分履历手本、脚色手本和官衔手本三种。

# 四月十三日至九月二十三日

四月十三日，渡江谒杨太守，不遇。

十六日，至汉阳府公馆谒杨太守。昨岁在都时早拟改就教职，以未奉亲命不果。旋里后，又为亲朋劝阻。至此，目击情形，知州县官洵不易为，而楚北尤甚。自念廿载读书，幸得一第，已属非分，若任违其才，必将陨越。亲意亦以改官为是，归志遂决。因见杨公，备述此意。公谓："我亦以县令起家，不知历几许艰辛，殚几许精力，始得幸换头衔。计当时同僚，今日失意者十之八，得意者仅十之二耳。君既不耐劳瘁，愿为冷官，亦未始非计也。"于是具文禀请大吏。

十九日，谒诸大吏，述改官之意。

凫鹥小队降心从，学步邯郸苦未工。
三复昌黎盘谷事，出山深悔负初衷。

红尘滚滚扑征帆，堕落何由骨换凡。
宦海波涛深莫测，几人安稳得收帆。

簪笔雍容志已虚，不如归去旧蓬庐。
高风输与瀛洲客，万卷名山正著书。
（吾郡冯太史登府现官宁波教授）

抚字催科两不胜，有弦可改蹇堪乘。
思归若待秋风起，欲脱尘羁[1]恐未能。

——改官口号

二十日，同僚知余改官，咸来问讯。有谓："制府以小门生视子（余乡试房师乐平斋星舟先生双进官石门知县，为制府林公丙子年典试江南所得士），眷遇当逾恒。中丞称子老成朴实，刮目相待。何遽引去？"余笑而不答，以诗以应：

守拙何心作好官，为谋禄养庆弹冠。
早知官辙艰虞甚，钟釜奚如菽水欢。

此身知止又何求？敢效终南捷径投。
莫怅云梯升未竟，有人平地尚淹留。

求贤大府正虚衷，刮目居然到阿蒙[2]。
衮衮诸公多伟略，不才何用滥竽充。

先世遗书幸尚存，投闲准拟返蓬门。
匡时有志惭难副，好仗文章答圣恩。

五月初二日，方伯张公以余年齿尚壮，劝留再三。中丞周公谓，必欲改官，何不待入内帘之后。因乞蕉雨太守杨公琴仙、明府旷君转陈下情，实以才庸力孱万难留恋，始邀批允。

初四日，作怀人诗二首：

琼琚受雕琢，乃得成圭璋。
梼桐就绳墨，始克任栋梁。

之子华国器，笃志名山藏。
饱读古人书，兀兀[3]穿绳床。
文成挟奇气，俗儒走且僵。
棹鞅[4]十余载，犹自淹名场。
勿怅时不遇，积厚流必光。
秋风振健翮，盼尔云衢翔。

——严琴史妹婿铨

我生鲜兄弟，踽踽悲独行。
频年赴公车，乞食长安城。
庭闱缺侍养，望远徒泪倾。
感君过从数，曲致绸缪情。
琐屑米盐事，殚力兼经营。
自我来楚中，忽忽人事更。
新知尽落落，谁达肺腑诚?
相望隔千里，辗转离愁生。

——周心泉妹婿士焯

初七日，自此日始，不按日上衙门。

二十四日，奉方伯张公札，知两院于十六日为以湉专折奏请改补教职。

六月十一日，仰山侄景曾来询，知于昨冬由花县挈眷旋里。星槎从兄瀚宰花县八年，以年老重听罢官。逋负[5]未了，代为扼腕。族侄秋门来；嗣后出门，索去银两卅两。

（星槎兄为大世父乡石公之子，嘉庆甲子举人，丁丑大挑一等。仰山为兄之季子，出嗣峡三从兄源。）

十八日，登黄鹤楼。天晴无风波，平如镜面。西望汉阳、汉口，炊烟万井。南望水天，浩渺无际。心旷神怡，流连不能去。

二十日，林栎夫以诗稿见示，为题一律：

公余啸咏出新裁，冰雪文章绝点埃。
三异名高循吏传，百篇诗擅谪仙才。
琴堂调古人谁和，酒国歌豪月正来。
怅我萍踪归去早，何时吟席更追陪。

又作《留别栎夫诗》一首：

筮仕[6]来鄂渚，倾盖多伟人。
尤喜遇旧知，握手谊倍亲。
初时识君面，忆在乙未春。
弹冠庆良会，君先登要津。
我本弇陋[7]儒，幸充观国宾。
伐坛恐贻诮[8]，苜蓿甘尝新。
西风理归楫，挥袂秋江滨。
相见复何日，话别重逡巡。

（栎夫候官籍，道光壬午举人，乙未大挑来楚，城悫和厚今之古人也。）

王友竹大令萝淞以《画竹》属题，书二诗应之：

翠干倚云根，萧疏隔尘境。
好风翩然来，人意与俱静。
斜月上林梢，娟娟弄新影。

朔风振穷谷，万木纷飘摇。
卓哉岁寒友，不共群卉凋。

葆此劲挺节，拭目干云霄。

二十一日，天无片云，大暑如沸。寓居偪窄，又复西向，下午晴晖注射，汗出如浆，殊不可耐。

二十二日，吊周苏门大令向青丧。苏门，钱塘籍，嘉庆丁卯孝廉，大挑来楚。历官剧邑，卓著政声。以不善理财，负累甚钜，昨岁量移汉阳，为楚最佳缺，仍不能偿宿逋。公私交迫，积忧成疾而卒。生平喜吟诗，刊有《勾麓山房诗集》，陈大令文述为作序，称其佳句，如《过滩》云："方知天地间，险多平者鲜。只求心性安，勿怨时命舛。"《捕蝗》云："天心由人事，行善自克昌。不惟消沴戾[9]，自能召祥和。"《自题省过图》云："幼读圣贤书，长识忠孝事。感激至君亲，无端为雪涕。"皆出自性真，不假缘饰。余观集中，断句如"午后百花静，春深群木高。""柴门日仄移帆影，桑径风高落鹝声。"亦佳。又《途间口号》云："烟灶颓墙半水痕，绿杨阴里剩孤村。石壕夫妇方团聚，忍使催租吏打门。"真蔼然仁人之言也。

二十三日，午后，天有微云，轻风入帘，炎气稍减。

二十六日，刘怡堂同年摄麻城县事，以诗送之：

轻帆一叶下黄舟，浩渺长江此壮游。
地据湖山雄保障，装携琴鹤足风流。
循良任重才能副，抚字心劳泽易周。
计日弦歌行雅化，棠郊[10]来暮遍兴讴。

结客词场意气豪，龙头誉望属英髦。
传家经术渊源远，华国文章品第高。
共识奇才非百里，定知吉梦协三刀[11]。
云衢乍展图南翼[12]，待盼扶摇上九皋。

二十七日，登黄鹤楼。楼中楹联无数，录其最佳者：

一上高楼，缅当年江汉风流，多少千秋人物。
双持使节，喜此日荆衡形势，纵横万里金汤。
——史贻直

我去太匆匆，骑鹤仙人不送客。
兹游殊恋恋，落梅时节且登楼。
——钱楷

恨我到迟鹤已去，
怪人来早诗先传。

一楼萃三楚精神，云鹤皆空残笛在。
二水汇百川支脉，古今无尽大江流。

栏杆外滚滚波涛，任千古英雄，挽不住大江东去。
窗户间堂堂日月，尽四时凭眺，几层见黄鹤西来。

程蓉斋摄建始县事，来话别。言建始与蜀接壤，在万山之中，荒瘠万状，幕友、随人鲜愿往者，为楚北最下之缺，适当之，命也。

二十八日，送别刘怡堂。过江谒杨太守，不晤。访沈鄂棠表兄辰起、星佩表兄景濂。送程蓉斋，谈良久始别。

（鄂棠、星佩，胞兄弟也，归安籍。鄂棠为杨太守记室，星佩在汉阳县署司会计。人皆正直，笃交谊。）

奉藩司札，知六月二十二日抚部院周札开照：“得本部院于道光十七年五月十六日会同督部具奏，分发湖北即用知县陆以湉

呈请改就教职一折。除折稿前已抄行外，今于六月二十一日奉到朱批：‘另有旨，钦此！’同日，奉到道光十七年六月初三日内阁奉上谕：‘林等奏请将知县改教一折。湖北即用知县陆以湉，自揣不胜民社，愿改教职。据该督等查明，与例相符。陆以湉着其改补教职回籍候选，该部知道。钦此！’等因行司奉此，合就恭录札行为此札，仰该员即便钦遵查照，刻日具禀赍司，以凭详请给咨回籍候选毋违。此札。”

二十九日，刘西垣大令鸿庚来，嘱代阅书院卷（中丞命阅）。馈酒一坛，以虾鲞酬之。

（西垣，会稽籍，道光辛巳举人，大挑来楚，曾摄远安县事，练达有干才。）

七月初二日，具禀藩司，请转详给咨回籍候选。

同年刘蘅洲太史涝来访。（蘅洲，祥符籍，丙申馆选[13]。）

初四日，答刘蘅洲。午刻，黄州通守周宜亭丈存义招饮。（宜亭，乌程籍，吏治明敏，大府倚重。）

初六日，连日酷暑，午后云气四升，有雨意。久之，仍晴杲[14]。

初七日，午后有云有风有雷而无雨。是晚稍凉。

初八日晨，有雷，浓云四合，大雨即止。

初九日，晨过江，谒杨太守，留谈许久，并晤沈鄂棠。访林栎夫，谈及南丰邹参军均能诗，着有《十二梅花书屋诗集》，索观一过。句如“半林明月人归浦，一带青山客倚楼。”“西风瘦马斜阳道，流水寒鸦落叶村。”清逸可讽。

周宜亭丈索诗，赋七律以赠：

循良硕望重朝绅，煦物能回大地春。
父老争褒刘宠[15]德，儿童久化鲁恭[16]仁。
嗷鸿抚字心如佛[17]，诉犴[18]平反笔有神。

天为苍生作霖雨，甘棠阴满楚江滨。

滚滚江流障御难，要凭只手挽狂澜。
开渠利溥[19]思温[20]造，筑埭名高属谢安[21]。
泽国万家齐托命，农畴千里共腾欢。
上游久倚宣防力，肯使栖迟赋考盘[22]。（文有乞归意）

初十日，午后微雨，气候渐凉。

名儒为政美，宽猛两无嫌。
断狱才兼识，持躬俭养廉。
循声倾大府，惠泽遍穷檐[23]。
圣代求贤切，风尘岂久淹？

——赠刘西垣

十一日，黄昏，从大人[24]登黄鹤楼。明月满地，游人毕集。遥望隔江灯火万点，与水月相映射。旋由斗级营至蒲圻庙前观夜市，杂物罗列，绝少珍品，远逊都门晓市。

不插风尘脚，萧然俗障除。
僮奴更主速，朋侣到门疏。
稳拄看山笏，闲披种树书。
烟林足幽趣，随意狎樵渔。

——漫兴

十三日，杨太守招饮。晨渡江，登晴川阁。阁在大别山岭，明范太守之箴建，因“晴川历历汉阳树”句名之。乾隆时，观察陈大文重修作记，有“天连吴蜀，地控荆襄”之句。与黄鹤楼对

峙江干。壁有宋芷湾观察湘题诗，云：“大别山前江水东，千艘转粟画旗同。停桡三日无他事，但乞朝天一路风。”盖运漕时过此留题也。又陈观察题联云：“杰阁飞甍，槛外蜀吴横万里；风帆沙鸟，天边江汉涌双流。”阁旁有通仙处、玉清宫、辅德殿。游历一时许，至汉阳府署。杨太守过江未返，与鄂棠谈半晌。太守与客偕来，席设补拙斋。酉刻席散，渡江风顺且大，片刻即抵岸。

席间，太守谈其官信阳州时，捕红胡子张尔熙，穷追至三座楼，为其所困几殆。复以计诱之，卒就擒。以此上契宸衷，特擢太守。

十四日，寅刻，大风雨，雷电交作。午刻，雨渐止，云气尚浓，天气骤凉。

十五日，刘蘅洲来话别，云于明日解维，由九江至清河入都。蘅洲兄弟五人，伯仲皆孝廉。蘅洲行三，四，名浔，癸巳馆选，今科典试广西。幼弟昨岁入泮宫。其尊人椒雨先生铭常，嘉庆乙丑进士，宰蜀中，擢合州牧[25]。岁歉，发廪拯饥，活数万人。大府以专擅劾，罢官，旋下世。即此一事，德泽已宏，克昌厥后，宜矣！黄昏，林栎夫来，以其同邑李兰卿太守彦章《榕园诗钞》见贻。摘录佳句于此：“小雨菊天留客久，近城花信得秋迟。”“楼阴得月高临水，灯影随人远过桥。”

栎夫诚挚淹雅，酷嗜吟咏，诗学唐人，不涉时下轻靡之习。其《读诗》一首，扶翼经义，尤为集中杰构：“少小诵葩经[26]，文义未显彰。商祖元鸟[27]降，周弃履武[28]祥。圣贤岂无父，感生赖彼苍。如何郑氏笺[29]，谶纬[30]词荒唐。经文反以晦，训诂坠冥茫。考亭[31]本大贤，反从郑义详。意谓神圣生，灵异可颂扬。不知吾儒训，首在扶纲常。扫除诸纬书，吾心折欧阳。”

十六日，谒于莲亭观察、周宜亭通守[32]。送刘蘅洲。

二十日，彭君运衡来谈。

（彭，号鉴亭，宜宾籍，嘉庆己卯孝廉，大挑来楚，摄保康县事。缘事改官学博，俟部覆至，旋蜀。）

二十一日，访林栎夫。知奉札调帘于二十三日入铁佛寺。

二十四日，访彭鉴亭。

二十五日，午后登黄鹤楼。大风，波澜汹涌，声如千军万马，闻之骇心。大船无行者。有渡舟，帆张半叶，随浪低昂，至中流，浪势怒起，舟几沉没，观者亦为丧魄。此真以性命试波涛者。楼下，石刻南海吴中丞荣光二律诗：

好风吹送一登楼，何事仙人不暂留。
云影古今过鄂渚，江声日夜走黄州。
极天波浪谁同济，异地烟花我欲愁。
西去荆门问战垒，几家渔网夕阳收。

我欲飞仙跨鹤回，手吹玉笛暮云开。
依然城郭三春日，如此江山几代才。
鹦鹉洲荒名士尽，桃花宫冷美人哀。
惟余大别峰头月，照彻沧桑夜夜来。

作《黄鹤楼诗》一首：

百尺楼头纵大观，晴空极望楚云宽。
西来山色连天回，东去潮流动地寒。
万里江程延景远，千秋诗笔继声难。
登临不尽苍茫感，浩浩乾坤独倚栏。

奉藩司札发抚院咨文。

二十六日，诣诸大吏署禀谢。

出汉阳门，游大士庵。作诗壁上：

十笏茅庵傍翠峦，无尘迹处即仙寰。
江干来往舟如织，付与孤僧一笑看。

二十八日，诣两院谢咨。拜陈山斋。山斋，海盐人，游幕楚北，精医理，沈鄂棠之至交也。余内子(33)痰食凝滞，医杨某，治之攻补杂投，病转剧。山斋用消痰食药，获痊愈。楚人用药喜重剂，而山斋宗叶天士学，故知者甚鲜。怀才不遇，正非独山斋为然矣。

三十日，登黄鹤楼。黄鹄山，一名蛇山，曲折如蛇，故名。在城中西隅，黄鹤楼峙其上。又有“斗母阁”“仙枣亭”诸胜。江天万里，皆归一览。吾浙杭城吴山，尚不若此气势宏远也。

〔八月〕初八日，湖北贡院号舍七千五百余，今岁应试者九千余人，遗弃甚多，因此，自缢者二人。闻大吏将出示劝捐添筑号舍。

十四日，天气骤凉。闱中试士寒况可念。

十七日，谒学使朱久香少司成兰，贻试牍一册。

（朱公，余姚人，道光己丑科第三人及第。）

访严子高司逊。子高为吾友严比玉司马之僚婿，因询比玉近状。天涯远隔，各为黯然。

（子高，仁和籍，需次湖南，奉委来武昌。比玉，名廷珏，同邑籍，廪贡生，援例捐同知，需次滇南。）

二十一日，游刘园。园有二桂甚大，万蕊吐芬，香满襟袖，倚树吟啸，尘虑尽涤。

二十六日，沈鄂棠来，云沔阳州江堤决二百余堰。

九月初六日，在教场观应武闱试者骑射。过学使署，观拔贡榜，合省取八十一名，武昌府学廪生姜熊居首。

初九日揭晓，赴布政使司署前观榜。正榜五十一名（旗籍三名），副榜九名。解元彭焕祖，黄安县廪生。春间，周中丞命阅江汉书院试卷，最赏黄冈县拔贡吴荣文，决其必售，今中式第二十一名。

十二日，过江至汉阳府署辞行，不值。回至汉阳府公馆，谒杨太守禀辞。

十五日，诣诸大吏署禀辞。

十五日，托章君式如雇船。

（式如，绍兴府籍，设肆武昌，忠于任事，同乡人皆重之。）

十六日，赴各寅好[34]处辞行。

十九日，答家乡诸戚友书，作诗一首《寄怀李鹤彡日曦》：

梓里[35]论交久，清才足起予。
诙谐方朔语，隽永蒯通[36]书。
宦辙经年隔，吟筒[37]远道疏。
天涯最相忆，月落雁来初。

（鹤彡，同邑籍，道光乙未举人。才藻富丽，豪于诗，每一篇出，同辈屈服。）

寄《答周愚堂舅氏桢诗》三首：

听罢《骊驹》[38]曲，移家鄂渚来。
一官难入俗，百里况无才。
合共烟霞老，空叨雨露培。
秋风动归思，江上片帆开。

甘作投闲客[39]，冰衔笑独清。
微名虚宅相[40]，拙宦负家声。
岂有文华国，兼无泽被氓。
凌云违夙愿，且复拥书城。

不到崎岖地，何知涉世难。

途遥身易惫，境过梦犹寒。

漫诩[41]名场乐，终输戚里欢。

桃源新小筑，佳景许同看。（舅氏居震泽藕湖[42]，有小桃源，尝绘《桃源小隐图》。余家乌镇旧居已赁于人，此去亦拟居震泽。）

（愚堂舅氏，同邑籍，附贡生，力学工诗，篇什甚富。）

二十日，于莲亭观察托寄沈氏书。观察受业沈鹿坪师焯有年，师故后，诸孙困乏，求助于观察，观察助以金，托余赍致。

二十一日，章式如为雇舵楼船。船价银五十二两。

二十三日，登黄鹤楼。于是，七度登黄鹤楼矣。口占句云：

半年家寄武昌郡，七度身登黄鹤楼。

领取江天无尽景，平生奇绝是兹游。

遂镌图章曰：七登黄鹤楼散人。

【笺注】

（1）尘鞿：意为尘世的牵累。陆游《开书箧见韩无咎书有感》：“老觉人间万事非，幽栖幸已脱尘鞿。”鞿，马笼头。

（2）阿蒙：即三国时东吴名将吕蒙。

（3）兀兀：用心劳苦的样子。

（4）棹鞅：棹，桨，摇船前进；鞅，套在马颈上用以驾轭的皮带，指代马，这里指驱马前进。棹鞅，被驱使辛苦地工作。

（5）逋（bū）负：拖欠赋税，债务。

（6）筮（sì）：蓍草，用以占卜。

（7）弇（yǎn）陋：浅薄。

（8）伐坛、贻诮：伐坛，传说孔子去宋国，受宋君赏识，想请他整顿国家，却遭宋国司马桓魋的嫉妒。一天，孔子在大树下讲学，桓魋带兵杀来，孔子侥幸得脱。桓便一气将树砍倒，以此来泄恨。史称“伐坛”。贻诮，贻，留下；诮，责备。贻诮，见笑。

（9）沴（lì）戾（lì）：因气不和而生灾害。引申为妖邪或瘟疫。

（10）棠郊：即成语“棠郊成政”。《诗经·国风·召南·甘棠》：“蔽芾甘棠，勿翦勿败，召伯所憩。”此为周民怀念召伯德政的颂诗。召伯的德政称“棠树政”，后以棠树政喻惠政。

（11）三刀：刺史的代称。亦用作官吏升迁之典实。《晋书》卷四十二《王浚列传》：“浚夜梦悬三刀于卧屋梁上，须臾又益一刀，浚警觉，意甚恶之。主簿李毅再拜贺曰：‘三刀为州字，又一者，明府其临益州乎？’”后果迁为益州刺史。

（12）图南翼：南翼，南方翼龙。图南翼，喻志向远大。

（13）馆选：选取新进士中的优秀人才入翰林院为庶吉士，以备朝教养储训甄派及任用。参与候选的新进士，即称馆选。

（14）晴杲（gǎo）：杲，日出明亮。晴杲，晴天。

（15）刘宠：东汉时宗室，出任东平县令时有仁惠之政。后任会稽太守，政绩卓著，升职入京，有五六位老人赶来送行，每人赠钱百文，他不受，只取一枚作留念，因此被人称作“一钱太守”。

（16）鲁恭：汉中牟县令，重德化，不施刑罚，使蝗虫不犯境，童有仁心，爱及鸟兽。

（17）嗷鸿抚字心佛：嗷鸿，哀鸣的鸿雁；抚字，抚养。对百姓存有慈善的体恤之心。

（18）犴（àn）：狴犴，中国神话中的神兽。借指监狱。

（19）溥：普遍、广大。

（20）温造：唐代名将，后任朗州刺史。他开渠灌田，使百姓获利，世称“右史渠”。

（21）谢安：东晋宰相，淝水之战中指挥八万兵力，打败号称百万大军的前秦军队，使晋室得以存续。

（22）考盘：盘桓之意，指避世隐居。语出《诗经·国风·卫风·考盘》。

（23）穷檐：指茅舍、破屋。

（24）大人：陆以湉父亲陆元錞，号芗畇，陆元鋐三弟，庠贡生，曾任会稽训导。可见陆以湉携全家赴任。

（25）牧：州的行政长官。

（26）葩经：《诗经》。语出韩愈《进学解》：“诗经正而葩。”

（27）元鸟：玄鸟，燕的别名。

（28）周弃、履武：周弃，周部落的先祖。履武，语出《诗经·大雅·生民》，后以“履武”为圣人降生的典故。履，践；武，迹。

（29）郑氏笺：指郑玄给《诗经》作注。

（30）谶（chèn）纬：谶书和纬书的合称，也就是谶纬之学，是以神学附会解释儒家经书的一种学术。

（31）考亭：福建建阳考亭村，朱熹晚年讲学之地，有考亭书院。这里指代朱熹。

（32）通守：通判。

（33）内子：陆以湉妻。可见陆以湉与妻一起赴任。

（34）寅好：旧称有交情的同僚。《歧路灯》第一百二回：“（类朴）或叙祖上年谊，或叙父辈寅好。”

（35）梓里：故里。

（36）方朔、蒯通：方朔，东方朔，西汉著名文学家，性格诙谐，言辞敏捷，滑稽多智。蒯通，汉韩信的谋士，辩才无双。

（37）吟筒：清郑用锡《十年》诗：“十年难学到诗翁，少年不如老岂工。只为村居无一事，聊将晚境付吟筒。”吟筒，储存诗作的竹筒，指代作诗。

（38）《骊驹》：见《公车日记·正月》笺注（3）。

（39）投闲客：投闲，放置在闲散的位子上，指担任不重要的工作。韩愈《进学解》：“投闲置散，乃分之宜。”

（40）宅相：住宅风水之相。语出《晋书》卷四十一《魏舒传》："宁氏起宅，相宅者云：'当出贵男。'外祖母以魏氏甥小而慧，意谓应之。舒曰：'当为外氏成此宅相。'"

（41）诩（xǔ）：夸耀。

（42）舅氏居震泽藕湖：据《明清嘉兴望族》一书：周拱宸是陆以湉母亲七世祖。周拱宸的五世孙周钧久困童试，就让其三个儿子中的老大周向潮及老二周踊潜经营丝织业，获利甚丰，其店号为"老元庄"。家也从乌镇迁居震泽藕湖。陆以湉乌镇旧宅已赁于人，改官回籍拟客居震泽。

# 九月二十六日至十月二十八日

九月二十六日，下船，驶至对江襄湖大码头泊。

十月初五日，晨行。东南风，戗帆行。午前风大，舟至江心，浪抛欹侧。午后风缓，舟行安稳。晚过黄州，泊赤壁下。黄州对岸，赤壁峰峦不高，树木亦稀，乃以苏长公两赋[(1)]得名。天下之名不副实似此山者，岂少也哉！是夜，星月吐辉，江景清旷。追溯髯翁携客泛舟时，令人神往。

风露夜萧瑟，四山霜气深。
扁舟溯陈迹，落木助悲吟。
鹤影杳然去，江声流至今。
扣舷清不寐，凉月吐遥岑。

——赤壁夜泊

初六日，晨过武昌县。因山为城，人烟稠密。泊巴河。舟子家在此，携眷属上岸，夜始还舟泊处。舟子鸣锣焚炮，通昔〔宵〕不寐。

萧寥[(2)]夜气满汀州，一夕萍踪此暂留。
千里关河归客梦，扁舟风月大江秋。
空堤灯影明村店，独戍笳声[(3)]动驿楼。

回首武昌山色近，依稀清景记前游。

——夜泊巴河

此去真为泛宅[4]行，烟波江上订鸥盟。
酒从黄叶声中酿，诗向青山影里成。
高枕连宵酣旅梦，小笺沿路记归程。
扁舟不负投竿[5]约，风月年年咏太平。

——归途口占

初七日，晨行。东南风，戗帆行。午后，过道士洑，为江中险要处，舟子焚爆竹祷神。道士洑即西塞山，壁立插水，巉削奇峭。苔树蔓延其上，青碧如画。山脚回澜极大，有风时难行，是日风和浪平，轻帆稳过。山在南岸，有道士洑巡检司。江南属武昌府，北岸属黄州府。吾浙湖州府亦有西塞山。张志和《渔父》词“西塞山前白鹭飞”，盖指此地，地里〔理〕书或移以属武昌。放翁《入蜀记》亦沿其讹。

扁舟泛宅顺流东，身寄惊涛万顷中。
樽酒酬江乞神力，连朝贶[6]我一帆风。

初八日晓，看山中出云，氤氲四布，令人动缥缈之想。行四十里，抵田家镇。自蕲州至此，峦嶂稠迭，都在近岸。江路曲折，山势随舟转侧，光景变幻，殊耐幽讨。（田家镇对岸有便面山，山下亦有险溜。）过田家镇后，山岚离岸渐远，平远清苍，又易一境矣。晚至九江，江面极大，泊夹洲马〔码〕头。是日行百七十里。

将至九江，风力渐猛，雨随作。四望空蒙，但闻风声雨声水声，较昨日，景状顿异。

渡口渔歌隔树闻，船头落叶正纷纷。
芦花风里挂帆去，卧看四山生白云。

龙平驿畔路弯环，篷底科头[7]坐啸闲。
遥指夕阳红树外，浓青数点是庐山。

初九日，东北风大作，雨竟日不止。舟子沽酒市肉敬神，欢呼狂饮，皆入醉乡。武昌关、九江关皆纳船科税。九江税较重，定例然也。

初十日，雨止，东北风仍大，云气四塞，常如欲雨之象。夜，风尤大。亥时立冬。

十一日，东北风仍大，不能行。此处水，清洌胜楚江。连日烹鱼佐饭，风味鲜腴，为之饱啖。夜风息微而即止。

日落江亭暮霭生，荻花枫叶夜凄清。
年年滩水流幽咽，犹似琵琶曲里声。

十二日，晨行，夹洲泊。舟绝多，风息争开，拥挤，一时许始得出。又为来舟撞碎舟板，诟詈[8]交作，巳刻始张帆行。因叹凡事不可欲速，以诗纪之：

千樯衔尾泊江滨，解缆还应次第循。
底事争先贪利涉，遄行[9]翻让后来人。

舟中望庐山，峰岚若屏，浓翠欲滴。晚过彭泽县。县在山坳中，一面临江。江干泊舟甚多，历数里。过小孤山，山有庙，古木丛茂。山下水绝溜，去年经此，风急浪巨，舟行艰险，今则片帆径过，扣舷坐眺，心神为怡。黄昏，乘月行，三更至花杨镇。

小孤山影峙中流，画里亭台一望收。
记得去年携棹过，怒涛如屋打船头。

八里江程渺正长，计程今日发浔阳。
茫茫彭泽城边过，山色千重接马当。

十三日，五更行。巳刻抵安庆，小舣八卦门大观亭下。随大人谒周樨舟舅氏杰，晤孙少府，咨知于前月往休宁协捕积匪。见《浙江乡试题名录》，知吾邑沈朗山汾获售。午刻，登舟即行。六十里过长风夹，八里栏江矶，十一里太子矶，江水迅溜，皆著名险区。是日无风，波浪犹自腾涌，异于他处。又十里至宗阳河泊。是日行二百三十里。

（樨舟舅氏以府经历[(10)]需次安徽。莅治勤能，复娴篇什，僚宷咸推重。）

桂花消息问蟾宫，片纸题名属目同。
惆怅故乡诸好侣，文章几处哭秋风。

天末征帆去似飞，空江水急浪花肥。
中流乍过长风夹，断岸旋经太子矶。

沙渚迢迢浪作堆，孤篷侧戗向江隈。
停桡路转宗（旁书：枞）阳口，无数好山迎面来。

半夜，舟子因风作开行数十里。侧抢至中流，忽狂烈，舟为颠掷。披衣惊起，急呼舟子落篷。舟子度前无泊所，乃回帆行，

顺风十五里泊清溪。时刚四更，月色尚明，倚枕复寐达旦。

十四日，东北风大，不能行。泊处乃夹洲，芦花万丛，人烟稀少。守风舟多，差免岑寂。

十五日，守风。

十六日，侵晓即行。风小，余力尚劲。至中流，舟为抛掷，幸风渐和息。午刻，抵大通，舟子检货上岸，扰攘不已。大通在江东北支河江口，北岸小坡有庙。再北有山，名九华，即在大通镇后，峰峦秀削，有嵌空玲珑之致。夜泊大通。

野径萦纡树影疏，竹篱茅舍画中居。
空江潮落月初上，几处小舟人钓鱼。

十七日，侵晓行。风又作，向午更大。泊铜陵。（在江东岸，距大通三十里。）铜陵城背山面江，入城小步由西门至南门，仅里许。县署独大。

苍茫暮色满江皋，沙渚弯环客系舠。
爱看铜陵好山色，夕阳影里独登高。

楚尾吴头水接天，装轻如叶溯前川。
郁林先泽无由继，惭愧人称载石船。（轻舟以石镇之）

江流影接翠微青，枫树溪湾路杳冥。
深夜月朗人语静，数声寒雁起遥汀。

十八日，晨行。风尚大，侧戗行，船欹，盘盏倾堕，心常凛凛。晚泊荻港镇。（距铜陵六十里。）镇负山成市，街衢整洁，有小洲，水榭云廊，特饶幽致。

荻港人烟夹岸多，垂杨影里片帆过。
小桥疏柳晚风细，明月满船闻棹歌。

十九日，晨行。未刻至芜湖，泊关内。闻粮船将次南下，恐京口挤隘，改从东坝行。

前汀楼阁望模糊，澛港经过日未晡。
且喜故乡行渐近，扁舟今夕宿芜湖。

金陵王气久销沉，蜀道思归恨尚深。
凄绝枭姬祠[11]下水，寒涛终古咽哀音。

二十日，仰山侄赴扬州，秋门侄[12]赴山东，俱别去。晨自芜湖行，晚过黄池镇。郊原平旷，牛群甚多。初更泊。去高淳县十五里。夜大风。

二十一日，风息，侵晓行。巳刻过高淳湖。风顺，一炊时即抵东坝。泊上坝。至下坝雇舟，无大舟，雇蒲鞋头船二。

落日荒原策蹇过，迢迢山径入烟萝。
悬厓磥砢[13]人踪杳，古木阴森鬼气多。
千里征程嗟况瘁，半生豪兴渐销磨。
归途此去家园近，拟共耕樵托涧阿。

——东坝

二十二日，过上坝，坐拨船行至下坝，上蒲鞋头船。

二十三日，晨行。午后过南渡镇。（属溧阳县，距东坝八十里。）又行二十余里泊。今岁秋收丰稔，禾稼盈场，田家

乐可知也。

溧阳城外水无波，山色溟蒙泛宅过。
见说今年秋稼熟，村庐一路稻堆多。

二十四日，晨行。巳刻过羊巷镇。（属溧阳，设巡检司，距东坝六十里。）又行十里，东北风大作，不能行，泊舟。见来船扬帆如飞，先伯父乡石公有诗云："蒲帆十幅休张满。"我亦曾经遇顺风，知世事得失皆偶然，未足介意。晚风小，行，三更泊。

碧波影抱钓鱼矶，暮色苍苍接翠微。
两岸蓼花红不断，夕阳小艇鸭群归。

云木浩无际，移家千里还。
城来先见塔，岸转忽逢山。
帆影白云外，钟声黄叶间。
扁舟随处宿，清梦共鸥闲。

二十五日，五更行。二更泊。

二十六日，黎明行。张帆乘风，巳刻过无锡县。未刻抵浒墅关。新织造莅任，封关。

二十七日，晨行。午刻至阊门，访吴柳桥，不遇。未刻行，顺风，初更至平望泊。

百丈云梯未可阶，投闲仍问旧生涯。
只惭报国心终负，且喜还山梦竟谐。
书卷随身无恙在，田园乐志有人偕。

卜居欲傍渔翁宅，苕霅[14]烟波处处佳。

——归兴

二十八日，晨行。辰刻至震泽。

故园松菊已全荒，泛宅来依笠泽旁。
携得天随家□在，五湖烟水任徜徉。

【笺注】

（1）苏长公两赋：苏轼的前后《赤壁赋》。

（2）萧寥：寂寞冷落。元揭傒斯《晚坐张先生朝阳轩》诗："萧寥尘外事，风叶满窗间。"

（3）笳声：胡笳吹奏的曲调，指边地之声。纳兰性德《菩萨蛮》词："笳声听不得，入夜空城黑。"

（4）泛宅：泛宅浮家。意谓以船为家。语出宋张元干《临江仙·送宇文德和被召赴行在所》词："泛宅浮家游戏去，流行坎上止忘怀。江边鸥鹭莫相猜。上林消息好，鸿雁已归来。"陆游《书志》诗："老身长子知无憾，泛宅浮家苦未能。"

（5）投竿：投钓竿于水，谓垂钓。《庄子·外物》："任公子为打钓巨缁，五十犗为饵，蹲乎会稽，投竿东海，旦旦而钓，期年不得鱼。"李白《赠钱征君少阳》诗："秉烛惟须饮，投竿也未迟。"

（6）贶（kuàng）：赠送。

（7）科头：谓不戴冠帽，裸露头髻。

（8）诟（gòu）詈（lì）：辱骂。

（9）遄（chuán）行：速行。

（10）榫舟舅氏、府经历：榫舟舅氏，不详，待考。府经历，知府的属官，主管出纳、文书。

（11）枭姬祠：刘备之妻孙尚香祠。因史称刘备为枭雄，孙夫人便为枭姬。

（12）秋门径：未详，待考。

（13）磥（lěi）砢（luǒ）：众多委积貌。

（14）苕（tiáo）霅（zhá）：苕溪、霅溪。在湖州府境内。

岳和声日记一种

# 后骖鸾录

前言

# 《后骖鸾录》及其作者岳和声

明万历壬子（1612）正月，岳和声从嘉兴西津驿站码头出发，去广西庆远出任知府。这时，居住在同地的好友李日华（散文作家，著名的《味水轩日记》的作者），给他送来了赆仪。在赆仪中有一部宋范成大写的《骖鸾录》，戏言说：你这一路去庆远，可比当年范成大去桂林，写成的日记就叫《后骖鸾录》吧。希望你写成之后及早寄给我，让我一读为快。岳和声真就把这一路记下的日记叫作了《后骖鸾录》。事实上，岳和声的这部日记，比起范成大的《骖鸾录》来毫不逊色，有些部分甚至更为胜出，因此，就连岳和声自己也颇为自负地说："而刺龙水与帅靖江，宁敢多让文穆以负知己！"

其实，自北宋欧阳修作《于役志》以来，宦游类日记，包括名作《入蜀记》《吴船录》，写法差不多，无非记录一路的所见所闻，风景名胜，考证古迹，民风民情，范成大的《骖鸾录》也是这样。范成大和岳和声都是去广西的，走的路线基本相同，只不过岳和声走得更远一点。相对而言，岳和声记日记难度会更大一些，因为《骖鸾录》已经摆在那里了，不能写得太雷同；但是要超越，又谈何容易？

岳和声不愧被后人称作明代文学家，他另辟蹊径，的确写出了新意。虽写的是同一个地方，但他的侧重点不同。比如，同样写登严子陵钓台，范成大主要写自己十四年间，薄宦区区，三登钓台，每次都在壁上题诗，因而有愧对严光、惭颜亦厚的观感。而岳和声重点写严光左右的方玄英和谢翱，堪配严先生，以为是“生前郁孤，死后轻奇”。为此快读《望桐官》诗，以弥补自己十三年前路过钓台而未能登眺的遗憾。

《后骖鸾录》叙事写景，行文藻丽，擅图景物。比如记永州愚溪之山环水限，说：“从潇湘楼观之，若游鱼逆流而上，吞吐出没。而崇墉蜿蜒，烟树茏葱，带以数十万家，以当楚西锁钥。”又如写阳朔奇景，说：“已而两山对立如堵，北则峰峦坦迤，南则累累迭迭，如剑如槊，如菖蒲丛，如莲花瓣，凡三十里延望皆然。知为杨朔奇幻处也。”形容两岸山峦说：“两岸崇峦挺特相送，其林水佳畏处，青如螺结，其石骨棱嶒处，净如苔滑。”他如写山间的乔松说：“大可四十围，小不下二十围，高可二十丈许。其趺十余丈而下，绝无旁枝，其上乃始虬盘龙攫，互相槎牙。至有两干并上，大类连理，竟难伯仲。涛声弦响，云日蔽亏。其清古雄寒之色，沁人肌骨，即篮舆已度而睠不忍回瞪者，多为千年以上物，相传为楚王殷分鼎时所植，良不虚耳。”我以为，这样的描写，比起范著的平稳更加活泼跳跶。再如写人的日常生活，也很生动独特。如写桂林土著，有这样的描写：“两岸山坳，皆僮所居，有蓬发者，有裸体者，有隐树而窥者，有凭矶而跂者，有汩而浴于江者，有赤乳而哺儿者。皆结茅为窝，采蒿而食，未知其聊赖安出。”在宜山又见“僮妇之椎髻跣足，身裹賨布，上锐下广，盘跚丛茅中者，亦连袵成群”。至于写柳州男女斗歌相恋似《刘三姐》者，又往往涉笔成趣，读后让人久久难忘。

尤其值得一提的是，岳和声迂道造访老朋友、大戏剧家汤显祖。我们现在已无从知道，岳和声和汤显祖是如何成为挚友的，但从两人已经成为挚友这一事实，可以反证，岳和声何以会有如此深厚的文学修养了。

一般西行客，在过江西贵溪之后，继续西去，由进贤进入南

昌，再从南昌一路西进。但是岳和声因为与汤显祖久疏音问，“念之情深，遂决计走临汝”，往南兜了个圈子。将近临汝时，他先让跟随的仆人送信给汤显祖，而汤显祖接到信息后，立即赶到汝水边等候了。

当晚，汤显祖带了他的季子，在著名的玉茗堂宴请岳和声。两位老友边吃边谈，直到深夜。

第二天，岳和声继续上路，却为轿夫所骗，将他送到章家石。偏偏过河时又遇见了飓风，雇的一艘小船在狂涛中搏斗，过了许多时间还困在水中。这时汤显祖得到消息，立刻派仆人驾了一条双桨船来，将岳和声重新接上岸，并在岸边石上置了酒，两人又再度畅叙。汤显祖叮嘱老友说：“宜州远在数千里外，青草黄茅，镌人入骨，兄至，第勉饮醇醪，为自支耳。”并且与之约定“冬初再把臂”，可谓情辞切切。之后双桨船将岳和声安全送抵彼岸，汤显祖一直在此岸目送。岳和声上岸之后，两位老友这才隔河遥相作揖而别。

比较遗憾的是，这次相见，岳和声没能作更具体的记录，当然更没能补叙两人友谊的来龙去脉，使我们失去了更多了解汤显祖的机会，也失去了更多了解岳和声的机会。

以上所写，大体上也就是此前宦游日记所会写的内容。一般日记写到到达目的地为止，但是岳和声打破了这一格局，他继续写他到任之后，办的几件突出公案，从而将日记的内涵作了相应的提升。这肯定是岳和声有意为之的。这就是一个优秀作家具备的基本素质。这就使得《后骖鸾录》区别并超越了《骖鸾录》，成为具有岳氏特色的一个日记文学文本：它不仅告诉我们宦游一路的瑰丽与艰辛，还进一步告诉我们这一切究竟所为何来，从而在我们面前树立起一个忠臣能吏的鲜明形象。

岳和声是在万历三十九年（1611）三月初九日，突然接到出守庆远任命的，不免吃了一惊。这明显是一次贬官。因为他以客部，历膳、仪两副部已经十二年了，而且自嘉隆以来还很少有礼部曹郎放外任去作知府的先例。再说放的又是这么偏远、环境如此险恶的地方。所以，他不想去，就疏请了致仕，不打算做官了。

上司似乎看穿了他的心思，没有批准。不但不批准，还再度下檄文让他赴任。在这样的情势之下，作为忠臣的岳和声便无条件接受了任命。

途经杭州时，他向正在杭州的乃兄岳元声请益。元声知道他内心的矛盾，便开导他说：不要把自己看作是被贬谪、被放逐的人，而要把自己当作真正的庆远太守。只有这样，才能成为一个合格的知府。又说：要做一个合格的知府，必须得处理好情、事、理、法四者的关系。面对一人，可以动之以情，面对两人可以就事论事，面对三人则要晓之以理，面对四人以上就必须按照法律来处理了。再说，感情用事往往会把事情搞坏；就事论事，有时也解决不了根本问题；讲道理呢，要看对象，有的人说得通，有的人说不通；所以，最终还得回到依法办事上来。当然，法中也包含情、事、理。孟子说，有规矩，才有方圆。所以做官得行法才是根本。

岳元声实际是帮他厘清了两点：第一点是不以贬官为意，认真做好外任，经受住朝廷的考验。第二点是当个忠臣能吏，好好处理公务，真心为老百姓办事。显然岳和声把兄长的教诲记在了心上，这可以从以后岳和声的所作所为得到印证。

三月初十日，岳和声到达桂林，第二天便有了桂、庆互调之议。这是怎么一回事呢？这是出于藩、臬两台的好意。臬台梅二水是岳和声在礼部时的同僚，对和声的官声、能力是知道的，有心要帮帮他，让他留在条件相对好一些的桂林。但是岳和声婉言谢绝了，他想，既然接受了任命，就得一竿子插到底；况且，现任桂林太守王震泽和他同籍，并同出于焦弱侯先生门下，他就更不愿意这么做了。

岳和声在庆远任上两三个月，切切实实办了几件大事：一是三月二十一日，在到达庆远后的第三天，他谒文庙，主持会讲尊经阁。二是从三月二十三日起，处理积案，计有：董界杀人数案；邵地州侵占德谨四堡数案；永定长官司刵傜人两耳案，为江司理以谋反具申行剿旅拒数案等。三是三月二十六日，用积餐钱购买了倪姓等的香林旧院，将之改造为香林书院。

其中特别值得一提的是，降伏永定土司、叛目韦萌发一案。

韦萌发从他父亲开始就盘踞永定三十余年，这期间肆意妄为，抢劫、藏匿无所不为。到韦萌发，已控制有一百八十四村，还在清潭、南乡置了十所庄园，每所都纳一个妾，恰巧又都生了一个儿子。此前五六年间，官府要招降他，他不来；派兵围剿又剿不了他，简直拿他没有办法。

岳和声到任之后，韦萌发不知新任知府是什么路数，表面上也来奉承，其实是来刺探虚实。他派儿子带了五十余名土兵来谒贺。他儿子头戴金抹额，身穿绣甲，从兵都手执长矛，穿着墨竹甲，抬了两瓮僮酒，牵了两只黑羊作为贺礼。

江司理就悄悄对岳和声说：韦萌发固执地不认罪已经整整六年了，现在既然他儿子来了，不如把他儿子抓了起来，就不怕他不服。这是一个极好的机会，胜过用兵去剿灭。岳和声笑着说：他们是来谒贺的，抓他于理不合。再说叛目是他父亲，抓他儿子来要挟，不妥当吧？

所以非但不抓，还好言相慰。只是让他转告韦萌发，要韦亲自来一趟。韦萌发仍然不明白新知府的意思，便枉称有病不来。岳和声便放话说：这可以见出真是叛目了。还是赶快来一趟，否则必定要遭殃。

韦萌发一听此话，心中发毛，不知新知府会使出什么手段。从儿子被礼待看，新知府绝不是等闲之辈，便自己穿了囚服骑马来了。岳和声就好言好语宽慰他，同时又在他的贺书手版上批了这么一段话：韦萌发速擒贼首覃朝马，到日萌发免死，且论功。

韦萌发还想讨价还价，又故意要求官府派三百兵丁协助。岳和声说：此又是叛目语了。覃朝马是你的洞奴啊，你想用这话来搪塞我吗？你回去仔细想想。

过了几天，韦萌发来了一封公函，依然提出要请官兵三百，实际是不愿招降。岳和声又放话说：我给此酋以生路，他偏要朝死的地方走。

其实，韦萌发已经感受到岳和声的一片真诚了，只不过心有不甘而已。听了岳和声这话，他再也熬不住了。六月初五日这天，韦萌发束身来了。岳和声恩威并施，终于降服了韦萌发。一些与韦萌发类似情况的土司，也都纷纷效法，庆远一地的治安就此绥靖了。这些，《日记》都有从容、智慧、详细生动的记述，章法也很值得称道。

大约由于政声，这年的六月，岳和声接到了调任江西的调令。七月初十日，他束装东归，当地的百姓士子纷纷前来送行。这足见他真正做到了不以贬官为意，无论在什么任上，他都是一个忠臣，一个能吏。

据史料记载，岳和声三兄弟是武穆王岳飞的第十四世孙。

岳飞嫡孙岳珂，于南宋嘉定十年知嘉兴军，全家因迁居嘉兴。宋亡后，岳氏后裔为避祸，改岳姓为“乐”，徙居濮院镇南三里（即今之“旧岳村”）[(1)]。明万历十一年癸未（1583）、万历二十年壬辰（1592）、万历三十八年庚戌（1610），岳元声、岳和声、岳骏声三兄弟先后进士及第，并列仕版。万历三十三年乙巳（1605），岳和声丁父忧三年满还朝，伯兄偕季子送他到长江边，他流着眼泪提起他父亲临终时，拳拳以祖宗姓氏隐约未白，应尽早复姓归宗的嘱咐。回京之后，他于同年十一月廿二日具奏，十二月八日奉旨下所司，覆请报可，移檄省、郡，并下县。至此，隐居濮院三百二十余年后，岳氏得以复姓归宗，并且重新迁回原

籍嘉兴金佗坊。七年之后，万历四十年壬子（1612），岳和声奉命出守广西庆远，途经湖南衡阳排山五十里处，为当年岳飞征曹成扎营处，有岳忠武手书石碑，“恢复中原，北迎二圣，大指凛有生色”。岳和声因而感赋长律十五韵，末有“不因绝峤分麾檄，安得阴崖觌旆旌”之句，从而更坚定了他奔赴庆远报效国家的决心。

不难想象，岳飞精忠报国的思想早已溶化在岳氏子孙的血脉中了，加以三百二十余年来岳氏后裔遭受的屈辱，再从弘治十年至万历三十八年，一百余年后才有岳氏三兄弟入仕，到这时，祖辈精忠报国的理想才得以重新实现。你说，这三兄弟能不成为忠臣能吏吗？

长兄岳元声忠于职守，授旌德知县，迁国子博士，转监丞，又迁工部主事，天启后擢南京兵部侍郎。在监丞任上时，曾谏用铜具鞭挞宫侍，一时有铁监丞之誉。在兵部侍郎任上时，阉党窃政，元声与同官陈道亨具疏劾奏，因遭削籍；崇祯初复职。三弟岳骏声筮仕刑曹，出守汝宁，调督漕事，兢兢业业，一生吏事清明，政绩斐然。

岳和声就更不用说了，早在汝阳县令任上时，为解决当地长期的水患，修筑了七十二条堤坝，延袤百余里，而被百姓称作岳公堤。万历四十年七月庆远召还之后，补九江，又升福建提学训使，再调永平兵备道，又升都察院右副都御史巡抚顺天，以论边事七次上疏，他都一如既往，忠心耿耿。这就是岳和声，这就是忠臣能吏的岳和声，这就是写下脍炙人口的日记文学经典《后骖鸾录》的明代文学家岳和声。

**注：**

（1）沈廷瑞《东畲杂记》载：“郡城金佗坊为武穆王孙邺侯赐第。宋亡，其裔孙隐居濮镇南三里，避岳姓为‘乐’，世业农商。……数传至万历年，元声、和声、骏声兄弟三人始于甲科显，于是始复岳姓，闻于朝。……其所居曰岳家村。后徙郡城，故以故居为旧岳村云。”

又据焦竑《封承德郎工部虞衡司员外郎心夔乐公墓表》云：“先世相州汤阴人，宋武穆王之世也。武穆子续中侯霖，霖子邺侯珂。珂劝农嘉兴郡，卜城隅金佗坊，家焉。珂生承事郎觏，觏生江夏丞潇，潇生监泰州酒库泾，泾生金部主事琳。联华国图，世载明德，隆然浙之望族矣！时元胡元与岳为难，乃以乐命氏自琳始。”（《焦氏澹园集》卷27）

又利瓦伊桢《封礼部员外郎岳公墓志铭》云：“琳之子茂之，再罹胡难，更姓乐，播迁长水乡。”（《大泌山房集》卷91）

# 目录

# 岳和声[1]自序

龙水[2]客以万历辛亥三月初七日，奉出守庆远之命。四月十七日还里。九月十七日，疏请致仕。十九日奉旨下所司，所司停覆，复檄之任。先是檀曹郎，自嘉隆来鲜以刺郡出者[3]，即间见以属伧[4]得之矣。余以客部，历膳仪两副郎，先后十二改岁[5]而有是命，又僻在炎徼[6]，俅侗仡佬[7]之与处，或谓不堪而心安之。凡所为乞休者，非以官，亦非以地也。再命之至，而犹抗前请将官与地之以矣。李君实[8]以范至能《骖鸾录》来贶[9]，曰："君踰岭[10]而《后骖鸾录》成，应早寄我！"余曰："弟实戋戋[11]，以奉使则愧《揽辔》[12]，以移镇则愧《吴船》[13]。而刺龙水之与帅靖江[14]，宁敢多让文穆[15]以负知己。"君实颔之。遂以是年壬子正月趣装而日记其程，以为《后骖鸾录》。曰龙水客者，志地也。

【笺注】

（1）岳和声：明代文学家，字尔律，桐乡濮院人，时迁居嘉兴西津。万历壬辰科进士，官右佥都御史，巡抚延绥。工散文，著有《餐微子集》三十卷，又《澹漠集》二卷。万历四十二年壬子（1612）正月奉使出守庆远，七月还。仿范成大《骖鸾录》日记其程，称《后骖鸾录》。所记甚详，对民俗研究甚有价值。作者行文藻丽，擅图景物，洵可与范成大《骖鸾录》媲美，是不可多得的日记文学佳作。自序和跋题目原无，为编者所加。

(2) 龙水：唐置宜州，改为龙水郡，宋升为庆远府，治所在今广西宜州市。万历辛亥，公元1611年。

(3) 嘉隆：嘉，嘉靖（1522—1566），为明世宗朱厚熜年号；隆，隆庆（1567—1572），为明穆宗朱载垕年号。鲜以刺郡出者：很少有出任知府的。

(4) 佹（guǐ 轨）：偶然。

(5) 改岁：由旧年过渡到新年。十二改岁，即十二年。

(6) 炎徼：南方边远之地。

(7) 俰侗仡佬：指当时广西的少数民族。俰（bing冰），《中华大字典》：俰，蛮也，獠别种，性耐寒，广西有之。《粤述》："大要不出瑶僮两种，俰人依山谷为生，而不甚繁。"

(8) 李君实：即李日华，字君实，为岳和声挚友。万历二十年（1592）进士，即选授九江府推官，前后历五年。后因不徇私情得罪上司，贬谪汝州。万历二十九年（1601），移西华县令。万历三十二年（1604），因母亲去世回乡守丧，并上疏乞请归田而致仕。

(9) 赆：以财物赠行者。

(10) 踰岭：越过五岭，意谓到了广西。广西古称岭外之地。

(11) 戋戋（cán）：少貌。此指才能不足。

(12)《揽辔》：范成大著有《揽辔绿》。

(13)《吴船》：范成大著有《吴船录》。

(14) 刺龙水：指作者岳和声出知庆远府。帅靖江：指范成大曾知靖江府，并官广西经略安抚使。

(15) 让：窃夺。文穆：范成大的谥号。

# 正月

正月二十日停午[(1)]，偕门人周孝修登舟发西水[(2)]，嘉兴陆太和、秀水吴俨五两明府[(3)]，送之河干。甫解维，沈白生妹倩以雀舫[(4)]来期，至学绣乃反语余曰："无可赠行者，饱吃惠州[(5)]饭，细和渊明[(6)]诗，赠君止此矣。"余曰："惠州不在天上，吾将束带见督邮[(7)]耳。其幸而为坡公[(8)]，不幸而为黄文节[(9)]，固安之若命。"无何，许伯厚、包彦平、范长康以小舠[(10)]来。余曰："何以似[(11)]我？"长康曰："山如碧玉篸[(12)]，瘴来云似墨。龙水距八桂五十舍[(13)]，距罗池[(14)]又二十舍。即举似无隃昌黎柳州者[(15)]，过此以往，未之或知。"余曰："宜州，昔人以为地牢。推此类言之，又安知不为天堂邪？"相与胡卢[(16)]一笑。彦平属过武林，从前太平守凌元孚，问岭右[(17)]风气徭俗及诸饮食便宜状，且述元孚当日语曰："彼土山川甲天下，使君情致自不恶。独二三臧获[(18)]，郁郁不乐岑寂耳。"甫别，挟探奇行至者，陆三孺也。少与余读书石佛梅花洲[(19)]，二十六年往矣。三孺才可凌云，一青衫不屑就[(20)]，辄高尚弃去。余婆娑[(21)]人间，为时局弋慕[(22)]。行役[(23)]不休，对之颜厚[(24)]。所强为余解者，以岭右山水不负客耳。遂订游武林，未作别[(25)]。晚泊陡门，以轻舠展先墓[(26)]于桑园兰干二桥，与族人酒别。

二十一日，至高桥，及石门而雨。郁伯承来，且以季父新宁州倅[(27)]蕙相属。余曰："龙水客，直寄公耳，何能为新宁宇下乎[28]！”次语儿[29]靳明府来，语其姻家汪中宇参戎方帅柳庆，故儒将也。轻裘缓带[30]，不废啸歌。余曰：“我将过而问焉。”发语儿而水部兄之初、比部[31]弟季有方舟至，宿彭老桥，妹倩戴以介挟风雨至。余幞被[32]卧，二鼓风甚，黎明乃发。

二十二日午，泊塘栖步长桥。晚且泊距关，可十五里许。

二十三日，稍霁。午入关，问馆千来青堂。堂为同省吴仪部别业，面湖背郭，从喧嚣中不失闲冷。

廿四日早，谒先忠武王祠。已展墓，揖宗人于流芳亭，循桃溪出。午与孟季小别，同以介循九里松，上飞来，度三竺。礼大士于双殿，憩白云舍，作桑门[33]馔舍。旧为坡公所颜[34]，迹之乌有矣。申[35]度麦岭，扪石间字，云“同游杨杰、苏轼、王翰”。故坡公所署，茸棘中乃不为风雨蚀。与以介盘桓久之，憩法相[36]归。从金沙买小刀，由定香桥循六桥，与米君梦同作客湖舫中。丙夜归来青，而阍者以客刺目[37]来。

廿五日早，与以介别，乃入城报谒，次辕门，遇耒阳。曾金简小仪[38]，约醒言于来青，归而先与余孟季宴坐久矣。遂具蔬供晤语，夜分别去。比部弟复呼酒醉床头，而水部兄亦自外来，把琖[39]相向，共证半生心事。比部弟曰：“兄自下帷攻苦，及纡朝黻[40]，垂二十年，无所不刻砺以有此行。蛮烟瘴雨，幸善眠食。欲根犹易刬[41]，名根未易除。文字结习[42]，政与名媾[43]，要之涉累[44]，犹然儿女情多耳！”余曰：“不然。吾年四十有四矣，宁复能下少年场，田百氏而掩隽乎？第以言吾所欲言与所能言而已。言吾所欲言，不欲，不敢出也；言吾所能言，不能，不敢强也。所虑欲根未易刬，当向元城先生越行后作学人[45]。”水部兄曰：“实获我心。”

二十六日辰，与比部弟别。及午而黄贞父、施仲宣二小仪，以榼舫[46]自涌金门至。余欲放棹南屏，过津公竹阁，以迟[47]余兄，故停棹中流。已舣断桥，步锦塘上，飞英满地。呼平头[48]

掇贮恬白琖中，与主人随手探得。有刘瓣[49]者，即浮白[50]补之，竣事以得全多者为算胜。未半，水部兄至，而来青吴郎用伎乐舫来。二小仪踆踆以不速[51]辞，余强乃往[52]，未半辄去。与水部兄复促坐[53]，两人酒不能以杯量。致过一石，剧醉乃散。

二十七日，孙司理偃虹过访。入城报谒，迫暮赴柯都运招于柳洲亭。都运先守庆远二年，所代者[54]以瘴乡引疾去。而余适遇于兹，以有兹亭之酌。庆即踰柳州三百里而遥，肯令子厚遂作胜场，语都运曰："足下且以柳亭酒为庆守脂辖[55]，其纵浇之。"都运輾然[56]。

二十八日早，命倌[57]昭庆戒公偕霖公智沙弥，以芥卜四缶来贶余纡[58]途别，乃别。循城隍由表忠观过庆乐巷，访虞勋部德园。勋部先期赴贞父招，迟余于竹阁。至则金简小仪，陶居奭孝廉与高元玄津二开士在坐。蔬供茗饮，闲房靓倩[59]，竹声琅琅与人语相应，非复曩时稠浓僧舍矣。西过宗镜堂，拾层级者三，礼永明瘗塔下，拜慧日峰，为宋篆隽古[60]，前此未睹也。过问澄公八十腊[61]无恙，乃上丁婆岭，望五云最高处，六和在眼三折绾带矣。晚饭逆旅登江舟。江流春涨，浩淼澎湃，罔峦极岸，与烟雾相迷离。涛声之所漱龊[62]，谮铉镗鎝[63]，实难为怀。推篷望西岸，则远山层出，若簇若驰，与孝修啸咏"到江吴地尽，隔岸越山多"[64]之句，数阅而寝。

二十九日，戒楫[65]。水部兄以札来，余报之，迟潮乃发。及午，兄[66]肩舆至，余问何以戒[67]庆守也。曰："弟于庆为八千里迁人而非守也，吾愿弟为八千里守而不为迁人[68]也。吾尝语弟以情、事、理、法四关矣。四者有方有圆，有碍有无碍[69]。一人而情，二人而事，三人而理，四人而法。情圆而碍，事方而碍，理圆而方而无碍有碍。盖至法而即方即圆，即圆即方，即情即事，即理而无有碍之者。子舆氏曰：'规矩，方圆之至也。''君子行法，以俟命而已矣。'[70]吾所以语庆守者，具是。"余顿首曰：

“谨受教。”及申而汐至，兄自涯反呼余曰：“当作江干送一诗寄我！”余与孝修曰：“诺。”凌潮渡三浙，雾雨，且暮宿王家兜。疾风惊浪，寤宿[71]而已。

三十日雨发，申至富阳。前嘉兴谭青湖明府以臬幕署事，招游观山。山峙县东偏，因高为城。桐江南来，势实截之而北。有小沙[72]逆当其冲，以护万家之县。孙仲谋父子由此崛起[73]，良不偶然。土人向未敢祠关武安王[74]，以孙氏故，有之自今始，其麓是也。磴转十仞，祠肖羊裘先生[75]。再十仞许，得钟阁。钟治于元至正[76]，而欵[77]似汉，叩之清越。江声月色，良夜互发，当是渗骨。再十仞许，而祠文昌[78]，貌故尊伟。余与青湖瞻楫[79]之，环望紫薇、锁石诸山，苍茫野色，绝不似江南景物。细雨湿衣，引酌而别。挂帆长风，即飞涛怒立，不致作恶。四十里宿新店。

## 【笺注】

（1）停午：正午。

（2）西水：在嘉兴西门，是运河流经嘉兴的一段，雅称西津，明清时设有驿站码头，官员上任、离任都在此接送。其时岳和声居住在金佗坊祖居，他去广西庆远上任，也在这里登舟。

（3）明府：对州府官员的尊称。

（4）妹倩：妹婿，妹夫。雀舫：画舫。

（5）惠州：治所在今广东惠阳县。宋代著名诗人苏轼于绍圣中被贬谪惠州。

（6）渊明：东晋著名诗人陶潜，字渊明。

（7）束带见督邮：陶潜为彭泽令，在官八十余日。岁终，郡遣督邮至县，吏曰：“应束带见之。”潜曰：“我岂能为五斗米折腰向乡里小儿！”即日解印绶去职，赋《归去来辞》以见志，家居安贫乐道，以诗酒自娱。

（8）坡公：指苏轼，轼于神宗熙宁时，因反对王安石变法，贬谪黄州，筑室于东坡，自号东坡居士。所谓幸者，是指苏轼被谪岭南七年后，终于在元符三年四月遇赦北归。

（9）黄文节：宋代著名诗人黄庭坚。治平四年进士。绍圣初知鄂州，为章惇、蔡京等所恶，以文字罪除名，贬宜州（治所在今广西宜州市）。所谓不幸者，是黄庭坚最终没有被赦还，卒于其地。门人私谥文节先生。

（10）舠（dāo）：刀形小船。

（11）似：比喻。

（12）篸：同“簪”。

（13）八桂：指桂林。舍：古时行军以三十里为一舍。

（14）罗池：在广西柳州市东。唐时于池旁建庙，祀柳州刺史柳宗元。此指柳州。

（15）隃：超越，与“踰”通。昌黎、柳州：指韩愈和柳宗元。韩愈郡望昌黎，世称韩昌黎。韩愈曾于贞元十九年后贬官阳山（今广东阳山县）。柳宗元曾贬官柳州刺史，卒于任所，世称柳柳州。

（16）胡卢：笑，笑声。

（17）岭右：谓五岭之西。指广西。

（18）臧获：奴婢的贱称。

（19）梅花洲：在今嘉兴郊区凤桥镇。

（20）一青衫不屑就：不屑于做官。

（21）婆娑：盘旋，徘徊。

（22）为时局弋慕：被公务牵挂。

（23）行役：因公务而跋涉在外。

（24）颜厚：意为感到羞愧。

（25）未作别：没有说告别的话。

（26）陡门：在濮院镇北约十公里处的运河塘上，那里有岳氏一支的祖茔。展先墓：省视祖坟。

（27）新宁：明置新宁州，属南宁府，在今广西扶绥县。倅（cuì）：副职。

（28）“何能”句：意为岂能到新宁州去投靠别人。宇下：檐下。

（29）语儿：崇德（县）别称。

（30）轻裘缓带：轻暖的裘衣，宽松的衣带。形容雍容闲适的风度。

（31）水部：工部司官。比部：刑部司官。

（32）幞被：以包袱裹束衣被。

（33）桑门：僧。为梵语“沙门”的异译。

（34）颜：匾额。此指题写匾额。

（35）申：下午三时至五时。

（36）法相：法相寺。

（37）阍者：守门人。刺目：名片。

（38）小仪：礼部主事的别称。

（39）琖：小杯。同“盏”。

（40）纡朝黻：喻当官地位显贵。朝黻：君臣朝会时所穿的礼服。黻即古代礼服上绣的半青半黑的花纹。

（41）刬（cǎn）：铲除。通“铲”。

（42）结习：积久难破的习惯。

（43）政与名媾：从政与求名相结合。

（44）要之涉累：总之使人受拖累。

（45）“当向元城先生”句：北宋刘安世，字器子，学者称“元城先生”。刘幼时以其父仲通与司马光为同年至交，即前往拜师学道。熙宁初进士及第，不就，仍回到司马光身边，从学儒家经典。问及“尽心行已之要，可以终身行之者”，司马光答之以“诚”，并说求“诚须自不妄语开始”，世安自此力行七年，因创以笃信力行为特点的儒家学派，即“元城学派”。

（46）榼舫：盛酒的船。

（47）迟：等待。

（48）平头：光头。指奴仆。

（49）刈瓣：花瓣脱落，《广雅·释诂》："刈，断也。"

（50）浮白：罚饮满一杯酒。

（51）踆（cún）踆：却走貌。速：召请。

（52）往：疑为"住"字。

（53）促坐：迫近而坐。

（54）所代者：指接替柯都运守庆远的人。

（55）脂辖：用油膏涂于车辖（固定车轮与车轴位置，插入轴端孔穴的销钉），为乘车出行的准备。

（56）辴（chǎn）然：大笑貌，原作"辗"，误。

（57）倌：古人臣。此处指昭庆寺主持。

（58）芥卜：芥菜、萝卜。赆：用财物赠送远行的人。纡：曲折。

（59）靓倩：安静美好。

（60）隽古：俊逸古拙。

（61）腊：僧受戒后，每度一年为一腊。

（62）漱龁（hé）：冲刷。

（63）䌳纮镗鎝：象声词，状宏大之音。

（64）"到江"句："句出释处默《圣果寺》诗：路自中峰上，盘回出薜萝。到江吴地尽，隔岸越山多。古木丛青霭，遥天浸白波。下方城郭近，钟盘杂笙歌。"圣果寺，在杭州城南凤凰山上。

（65）戒楫：准备船具出发。

（66）兄：和声的兄长岳元声。元声，万历癸未进士，国子博士，转监丞，后为南京兵部侍郎。有《易说》《潜初子集》《淡漠集》等著作多种。

（67）戒：与"诫"通，告诫。

（68）迁人：被贬谪、放逐的人。

（69）有方有圆：有明白的，有不明白的。《淮南子·天文训》："天道曰圆，地道曰方。方者主幽，圆者主明。"有碍有无碍：有的受阻，有的不受阻。

（70）子舆氏：孟子，子舆氏他的字。“规矩，方圆之至也。”语出《孟子·娄离上》。“君子行法，以俟命而已矣。”语出《孟子·尽心下》。

（71）寤宿：躺卧，醒着睡。

（72）沙：指沙洲。

（73）“孙仲谋”句：三国吴开国皇帝孙权，字仲谋。其父孙坚，于东汉灵帝中平元年（公元184年）以镇压黄巾军起家，后战死。孙权与刘备合击败曹操南下的八十万大军，遂形成中国历史上魏、蜀、吴三国鼎峙的局面。

（74）关武安王：三国蜀汉关羽死后，至后主景耀三年追谥为缪侯，至宋徽宗封为忠惠公，大观二年加封武安王。

（75）羊裘先生：即严子陵。相传严子陵少年时与汉光武帝刘秀是同学。他的人品、学问很让刘秀惦念。刘秀做了皇帝之后，就到处查访严子陵，希望他能出来做官。但是严子陵不想入仕，不想钻进政治的圈套，他就反披羊裘，隐居在富春江上垂钓。这种举动，就好比老子所说：“众人熙熙，如享太牢，如登春台。我独泊兮其未兆，如婴儿之未孩。”据说后世有一个上京赶考的举子，路过严子陵钓台，题了一首诗说：“君为名利隐，我为名利来。羞见先生面，夜半过钓台。”

（76）至正：元惠宗年号，公元1341—1368年。

（77）欵：即“款”，款式。

（78）文昌：道教神名。道教谓玉帝命梓潼掌文昌府及人间功名、禄位事，故称梓潼帝君。

（79）楫：似应为“揖”。

# 二月

二月初一日霁发，已至桐庐县。县故一横洲，江水周之，前有笔架诸峰，亘峙作朝。未刻绝[(1)]浏江滩，新涨总至，汹汹惧人。晚上七里濑，有怀康乐“孤客伤游湍，徒旅苦奔峭”之句[(2)]。再上为鸬鹚门，风涛加壮。暮泊钓台下，急摄衽以登，肃谒严先生[(3)]像。像左为方玄英，右为谢皋羽。余曰：“两人故堪为羊裘公耳。”孙[(4)]遂上双台，凡历十五盘，而得东台。颜曰：“留鼎一丝。”西墓台曰：“垂竿百尺。”中有平石，可三十肘而羸[(5)]，低回者久之。返步而晚云缭绕，罡风[(6)]袭人。磴左孤松偃蹇[(7)]，如虬[(8)]如龙者七。舟人指对岸郁林中为先生墓。余曰：“水湍山峭，壑藏于此，宁独生前郁孤，亦复死后轻奇。”登舟亟索箧中所有《望桐官》诗，与孝修快读之。盖岁辛丑，予以客部郎持节册封淮藩，归艇夜发，竟阻登眺，时语已十三年往矣。

初二日早至西口，已过乌岑关。关似展旗，而偃卧浏涛中，予舟荡焉。滟滪[(9)]如象，何以踰此。未泊严州[(10)]，望富春驿百步许。晚发州渡，从渡口望郡城，翼翼虹亘[(11)]，新安江碧若艳蓝。越十里宿桐溪埠。

初三日雨，帆挂大羊[(12)]。午及三河而风斗[(13)]，宿九都口，为宋十子九得隽处，名范村，其一为诸生以老。则理学家所称范浚氏，故有五箴脍炙人口者[(14)]。隔岸为仙桃山，居人云往往百年一结实。左为长蛇趁蛤，形家者谬以此佞[(15)]山灵耳。其后为天子山，相傅为汉长沙太守孙文台墓，业被发，为居民有。

初四日早至女埠。午泊兰溪县。刘沧屿明府出访。发二十里，宿汤溪之杨埠。

初五日未刻，抵龙游，发里许，泊亭步山北之横沙。

初六日早发，滩石齿齿，其湍急洄砉[16]，不减七里濑，望三衢可十五里许。北岸土冈亘峙，浮图层出。递[17]西则大石阜圆径敷十亩，为鸡鸣山。递北为浮石山。支分劈脉，蜿蜒棱裂。晚泊西安县。

初七日发十里。而萧损之参知以尺[18]一来曰：“君子建礼岿然灵光[19]矣。乃以一麾[20]走万里，汲长孺不薄淮阳[21]。是其所以为汲长孺者乎？”余答以仲诏书画舫中语。附候，吏去。六十里泊红桥埠，则常山在望矣。

初八日疾风挟雨，午始至。至则龚圆甫明府出访。余入城报谒。言游西高山。

初九日遂霁，家仆来送者，以是日反。作乡书数十函，殊苦稠浊[22]，迄晡[23]乃竟。圆甫邀游西高寺。寺为嘉泰[24]中敕建，制故浑朴，牟尼像亦复庄静。散步登藏阁，从阁磴转者三，得积翠亭。为同年唐长所题，而借腕于玄宰史氏。其西则西高峰在焉。盖常山西南北三面，环而为县。西高最杰出，县廨[25]于北山之腹，而东面独缺，溪水当之。隔岸则江右诸峰，层出云际矣。日旰[26]，不复上西高，从亭中一眺，呼灯踏山麓归。途距白龙洞不一里许，从田塍中行过之。涧水淙淙绕足下，数武而得。初洞口可二仞许，泉瀑迸落，望之黝然。呼灯迹之，有窦[27]上出。主者曰，磴转百余武为中洞，洞口可三仞许，横侧劈裂二里许而宽，厥窦称是。余又呼灯迹之。度不能至，又磴转三百武许，及岭之十七而有穴，下穿则向之泉窦上出者是已。以无他奇，辍步。旋寻故步，入詹参知定斋山馆。馆后有石壑，泉声活如。为引满与圆甫别，则雨丝纷如矣。归而檐溜[28]竟夜。山城孤宿，重衾为薄。

初十日发常山，四十里为草萍，读孙忠烈[29]七言近体，曰：“身从许国频加爱，发为忧时忽变苍。”余壮其语，为孝修快读数过。步之者则王文成[30]伯安擒宁濠南来诗也。其目云，得大驾南征渡淮报于此，盖伯安尔时有勇略震主之疑焉。晚抵玉山而寝。

十一日早发，十里为仑溪铺，又三十里为沙溪铺。壁间诸咏，多以“鸡肋”二字作噱[31]，余亦行自笑也。又二十里为灵溪，有桥屹如三分之中驾屋数楹，翚如[32]也。又十里为广信，郑郡丞赵司理来访。

十二日发上饶，五里为五马岭，又五里为冷水山。山有洞穴，稍进为天门，门畔桥出云为九仙丹灶故处。周以冷水城，若天构然。至兴安旅馆，申刻将命信[33]，大雨骤注，舆人逸去。令奴子顾兴安二三游手，舁篮舆，踉跄而抵弋阳。漏下一鼓矣。

十三日发弋阳葛溪驿，雨甚。西为筱（xiao）簹岭，又西为簹岭冈，脊坡陀，榛莽杂出。舆夫踸踔（chen chuo）[34]而行，滑滑作苦。及申乃霁。抵贵溪之迎恩门，为元儒陈静明先生故里。晚宿行馆，月色如画。散步通庄，徘徊桂洲相公[35]坊下，感慨者久之。

十四日早渡芗溪，凡五里，渡金沙，未申间至安仁县。日未晡，发安仁之紫云驿，为孟家渡，即芗溪。不二里为李浦渡，水从上清来合于此，流消狭而驶过之。昏时宿白玕铺，铺为东乡供顿舍。

十五日行三十里，俱攲[36]冈碎垄，至湖墩得平田。午抵东乡，晴日始杲。西行者多从进贤入省，而余友临川汤若士[37]，念之情深，遂决计走临汝。行二十里为辽唐罔，罔凡十五里。又五里为坪塘铺，宿。

十六日早发，昏雾四塞，行五里，始辨色。所在童山[38]迤逦，溪水萦折，凡两渡。薄临汝，则先一信走若士，若士亦以急足迟余汝湄。汝水浩汧[39]，问渡为怯。舟子曰：“跨汝有梁，凡十二门，且垂成矣。”入馆而临川叶明生明府来，为问玉茗堂亡恙。若士已先过余逆旅，把臂欣然。已，同年苏刺史眉源来，计契阔[40]者十三改岁矣。甫别，而我郡伯吴葵台翁以南部赍贺归里，见枉。已，报谒；郡伯留酌。复饮眉源所，雷雨并至。问所为五峰三市者，颓然阛闬[41]耳。碧涧红泉，芜落[42]久矣。漏下三鼓，若士率季子宁叔，觞予玉茗堂。归，雷雨竟夜。

十七日发吴家渡，为舆人所绐[43]，顺流而放章家石，飓风大作。一稚子弄小刀[44]狂涛中，荡漾摇曳者，踰晷[45]未克济。若士令仆人以双棨来，脱予于厄[46]，复登岸，饮石上纵谈。若士曰："宜州远在数千里外，青草黄茅，镌人入骨。兄至，第勉饮醇醪，为自支耳。冬初再把臂。"遂渡西岸，若士拱手目余汔[47]济，遥揖而别。三十里为樟源岭，岭凿自泰定[48]间。路隘甚，仅度一肩舆。又二十里为驻节堂，则丰城界中矣。时且薄暮，而卧具前发。二十里为文江桥，乃复行。不五里，颠风暴雨，霾曀[49]四合，复数里而暝。舆夫走泥淖中，冷淋渍骨，且蹶[50]且起。觅火村落中，无应者。愲愲[51]田塍间，展脈侧胫[52]，时与坎窞[53]相遇。或旁临深池，瞪视微白，足三分垂在外，殊怀瞎马夜半[54]之惧。行人有呼号泪下者，余时为解劳。将抵文江五六里，远望阴罔，得星星火光，知奴子以檠照来，复为厉风所熄，踉跄趁风雨行。二鼓宿刘氏败屋中，寒霖彻明乃止。

十八日行四十里雷家渡，又四十里为姚湾岭。入丰城，访家孟同籍徐匡岳太参。是夜匡岳移榼行馆。

十九日且发，奴子云，舆夫未具。日欲旰矣，遂已复会讲于匡岳堂中。匡岳以七言近体一章饯予，予次韵以谢之。

二十日发丰城，沿江大堤虹亘，积雨淖浊。凡四十五里为泊濂馆，又十五里为樟镇渡，盖赣江下流也。又三十里为临江郡。同年顾含素以湖西宪使行部来访，太守郭华中继至。已，饮含素所，归而就宿。

二十一日发临江，午顿[55]太平馆，晚宿罗坊。

二十二日发罗坊，午抵罗溪驿。望仰天冈，千仞翠色，在襟袖间。宿分宜。

二十三日发分宜，二十里得洪羊洞碑。云有十三窦玲珑幽嵌，石床萝牖，为仙真窟宅，以雨不及入。又十里，度秀江，则严氏故居发脉昌山是也。及申抵袁州，程太守来访。报谒毕，独上宜春楼。台为汉灌婴宜春侯所筑，又云，有泉宜酿，故名。未知孰是。

二十四日发宜春，十里为沙陂桥。有屋覆之，若回廊然。又三十里为宣风馆，馆中所次王伯安七言近体，几满屋壁，余亦漫兴和之。乃发，宿芦溪。

二十五日渡芦溪，溪汛激。客从楚广来者，顺流而下，抵洪都[56]不半旬。余以陆行委顿[57]，念之色飞。午抵萍乡，署篆者袁司理王巽吾为季有同籍，故同郡莫逆，挽饮县廨。秉烛作乡书。就宿。

二十六日发萍乡，从此入楚境矣。廿里许，遇庆远高、朱两生，问脂车[58]何期，云以正月晦，乃知前途尚遥，征衫故须着破。又二十里湘东镇，延茂不减一小邑。又数里黄花渡，为晦庵[59]次宋伯和诗故处。又五里有坊曰古醴，东治吴楚界别于此。自江右至湘东，途颇滑涩，淫潦渍淖[60]，更艰行役。将抵醴陵，渌水隔之。渌水，故漉水也，以桥易名。桥袤[61]四十二丈许，覆以长廊。度桥而行，馆面江以居。有栅樊[62]之，据形家云，不宜筑城，居然山县，不废临流。

二十七日早发。去馆数百武[63]，为醴泉井，凡三眼，石甃[64]巩整。闻甘凉熨齿，炎时几浃[65]全邑，以行迫不及尝。四十里，午顿清安馆，雨甚。十里许为白关铺，有亭翚如，颜曰“衡渌”。环奇山水颇胜，不半舍而平田中三石矻立，离列位置，相传为旗锣鼓石，亦小有致。再度大小黄泥二岭，始霁。至何塘馆，则湘中诸山，参差层出矣。

二十八日发荷塘，雨如注。度平冈数里，为灰渡，水仅方舟[66]耳。乃两涯山根坟起，而积溜龁之者。三十里，至馆子墺。行四十里，为烟屯岭，岭高可十仞，而三起三伏者二里许。北望湘潭邑治，了若擎盂。旁带一水，判南北途。渡而北，则取道于荆岳；沿而南，则衡永广路矣。晚抵县，隔江而馆，越在北岸。申刻，同里包仪甫方领徭于此，故家季同籍好也，渡江酌我馆中。适予同籍李宫谕四履枉(67)我，已别六年所矣。

二十九日早渡湘，报谒仪甫。仪甫以晚归，为姤风挟雨所困，遂不栉沐，晤衙斋中，作无义味语而别。过四履归而日且旰，与孝修延望江上，观湘楼危峙。其北带以睥睨(68)南来冈阜绵亘百里，俗呼为挂榜山。故琵琶峰与祝融峰相望，为七十二峰之一也。东则长沙郡城，罗洋、云母诸峰，翠横天表，平畴远树，风土夷旷。视临江而西，林莽逼塞，触途生碍。至此为中湘，别是一番景界矣。盖潇水源道州，湘水源桂州，合流于永故洞庭之南境，总为潇湘。及衡而会蒸于合江亭下，历湘阴界，又合资、沅、潭、漉诸水，北迤而奔赴于洞庭，故湘潭称中湘云。

## 【笺注】

（1）绝：穿过。

（2）“有怀”句：康乐，即南朝宋诗人谢灵运。“孤客”两句出自其《七里濑》诗。“游湍”，诗集作“逝湍”，是。

（3）严先生：指后汉隐士严光。

（4）孙：似为衍文。

（5）肘：长度单位。《大唐西域配·印度总述》：“分一拘卢舍为五百弓，分一弓为四肘，分一肘为二十四指。”赢：满，余。

（6）罡（gāng）风：高空之风。

（7）偃蹇：夭矫貌。

（8）虬（qú）：有角之龙。

（9）滟滪：长江三峡瞿塘峡中的滟滪滪堆，为一险滩，解放后因疏通长江

航道，已炸毁排除。

（10）严州：故治在今浙江建德县。

（11）翼翼：庄严雄伟貌。虹亘：像彩虹一般绵延不断。

（12）帆挂大羊：到大羊开始挂帆。大羊：地名。

（13）风斗：风越刮越大。

（14）“为宋子九得隽处”句：范浚，字茂名，北宋时兰溪人。父范筠，元祐三年进士，历官浙江提举，上柱国，资政殿大学士，封荣国公。筠生十子，九子得隽为官，只有八子范浚不喜荣利，隐居不仕，精于理学，存心养性，有“五箴”自诫。

（15）形家：堪舆家之别称，以其为人选择宅墓，须相度地形，故名。佞（nìng）：以巧言谄媚。

（16）洄：水逆流或旋流。砉（huā）：象声词，形容迅速动作的声音。

（17）递：围绕。

（18）尺：此指书简。

（19）灵光：神翼之光，指朝廷的恩泽。

（20）一麾：一麾出守，为京朝官出为外任的典故。

（21）“汲长孺不薄淮阳”句：汲长孺，西汉名臣。因敢言而遭免官。居数年，民多盗铸钱，楚地尤甚。汲长孺被起用为淮阳太守。汲不以官小，而将淮阳治理得很好。

（22）稠浊：繁多而混乱。

（23）迄晡：到晚间。

（24）嘉泰：宋宁宗赵扩年号（公元1201—1204年）。

（25）县廨：县之官署。

（26）旰：晚。

（27）窦：洞，孔。

（28）檐溜：檐间流下的水滴。

（29）孙忠烈：孙燧，明余姚人，弘治间为右副都御史，巡抚江西。及宁王宸濠反，伏兵召燧至，执而击之，折左臂，仍骂不绝口，遂被害，赠礼部尚书，卒谥忠烈。

(30) 王文成：王守仁，明余姚人，字伯安，弘治间为右副都御史，巡抚南赣，定宸濠之乱，封新建伯，总督两广，卒谥文成。

(31) 鸡肋：喻乏味而又不忍舍弃之物。典出《三国志·魏武帝纪》建安二十四年《注》引《九州岛春秋》。作噱：逗笑。

(32) 翚（huī）如：翚，飞貌。我国古代制造的“飞檐”的建筑形式，也用以形容宫室的高峻壮丽。

(33) 倌：倌人。古代驾驭车马的人员。

(34) 踸踔：跛行貌。

(35) 桂洲相公：夏言，字公瑾，号桂洲，江西贵溪人，礼部尚书兼武英殿大学士。嘉靖十八年擢内阁首辅，为严嵩所忌，二十七年赐死。隆庆初，追复故官，谥文愍。

(36) 攲（qǐ）：倾斜，不平。

(37) 汤若士：汤显祖，字义仍，号若士，明代临川人。著名剧作家，官至礼部主事，其诗文为《玉茗堂集》，戏曲创作有《玉茗堂四梦》，其中《牡丹亭》最为出色。

(38) 童山：不生草木之山。

(39) 浩汗（gàn）：水势辽阔貌。同“浩翰”。

(40) 契阔：离合，聚散。

(41) 阛（huán）闬（hàn）：市垣、市门。

(42) 芜落：荒废，衰败。

(43) 绐（dài）：欺骗。

(44) 刀：小舟，与“舠”通。《正韵》：“刀，小船，形如刀。”

(45) 踰晷：超过了时间。

(46) 厄：险境。

(47) 汔（qì）：接近，差不多。

(48) 泰定：元代泰定帝年号，公元1324—1328年。

(49) 霾曀：风而起尘土为霾，阴而有风为曀。

（50）蹎：跌倒。

（51）牳（gǔ）牳：《玉篇》曰："牳，牛也。"《集闸》曰："牳，牛名。"此处"牳牳"，疑为形容牛行之状。

（52）展胝（zhī）侧胫：行走时防止滑倒之状。胝，脚上厚皮。

（53）坎窞（dàn）：地穴。

（54）瞎马夜半："盲人骑瞎马，夜半临深池"之简缩，喻处境极其危险。典出《世说新语·排调》。

（55）顿：停留，止息。

（56）洪都：江西南昌的别称。

（57）委顿：疲乏狼狈。

（58）脂车：以脂涂车轴，使其润滑。意谓准备出行。

（59）晦庵：朱熹，字符晦，一字仲晦。创草堂于建阳之云谷，牓曰"晦庵"，亦曰"晦翁"。

（60）淫潦渍淖：淫雨积水，道路泥泞。淖，烂泥。

（61）袤：南北之长。

（62）樊：篱笆。此处意为"围绕"。

（63）武：古以六尺为步，半步为武。

（64）甃（zhòu）：井壁。

（65）浃：沾润。

（66）方舟：两船相并。

（67）枉：屈就来访。

（68）睥睨：城上短墙。

# 三月初一日至初十日

三月初一日发湘馆，行二十里，抵下涉渡，即湘江也。有山翼然，当湘之上流者，金华峰也。道傍民舍，多以竹为阿栋[(1)]而茅覆之，支户乃以杂木或棕榈本，皆目所未经见。又三十里，午顿茶菌馆。馆外即茶菌，岭名亦雅似。又四十里，宿黄茅堡。

初二日始霁，发黄茅，三十里逾白石岭。四山迴合，高寒在眼。二十里为柘塘馆，距衡山县将三十里，夹路官松，大可十围者，缭绕山径，荫映行辔。上蔀[(2)]白日，下翳翠微，鼻端时拂拂有芬韵[(3)]，而间似岚气郁盘之盛。大江南北，所在罕觏[(4)]。

初三日发衡山，出郭，望巾紫峰。不远里许，绕麓新松夹路。循江而行，清驶[(5)]可爱。二十里为马鞍岭，岭颇迴[(6)]，而石路新整，为孝妇刘妙贤所甃[(7)]。又十里依田铺，道傍曾植斋宗伯墓坊在焉。又二十里，饭九渡铺。十里为郴江口，乃蒸江经流也。又二十里为衡州，宿蒸水驿，邓玄渡观察来访。

初四日早，谒至圣先师像于石鼓书院，读禹碑副刻。上绿静阁，阁下故有昌黎“绿静不可唾”一诗，为南轩[(8)]先儒所书。石已泐[(9)]，后人重摹之，笔亦挺秀。新刱大观楼于会江堂，即合江亭故处也，旧址颇雄胜。延望城中，冈峦北来，将讫而突起一峰，以居蒸湘二江之会。穷其末，有朱陵洞，仅石罅中一线耳，当是赝题[(10)]。求所为李吉甫、齐映[(11)]诸诗，刻之西溪石上者，不可得已。谒诸葛武侯庙于书院左方，乃发。则大雨

倾注，几不可步，踉跄行淖浊中。望回雁峰，已不辨烟树。且瞑且潦，呼炬村落间，时复灭没。至马公岭，咫尺为迷，丛薄翳如[12]，怪石犷如，飞湍汹如。倘时属霁朗，不妨游目[13]，而淋涔[14]昏黑，触眼成刺，着足成踬。盖自文江桥之厄，至此而再矣。乙夜，宿排山驿。

初五日发排山，四十里为乌符观。观中故有无上宫主诗，及白仙玉蟾二篆迹。土人云，先是以乌蛇时时啖人作祟，白仙飞剑斩之。而无上宫主，为纯阳[15]仙师别号，篆诗则与道士蒋晖者。行十里，为先忠武征曹成札营[16]处。建有大营寺，像设甚严。后寝则垂成且圮，不蔽风雨。读碑中所勒忠武手书，恢复中原，北迎二圣[17]，大指凛有生色，而旧石且泐。嘉靖癸卯岁，唐中丞应德，复识而新之。余感赋长律十五韵，末有“不因绝峤分麾檄，安得阴崖觌（dí）旆旌”[18]之句，盖龙水客为麾殚之行，萧瑟旅中，幸仿佛此一番水木音容也。又十五里，上熊罴岭。盖自江楚历冈陟砠（jū）[19]，半属坦衍[20]，至此而拾给（级？）屡上矣。其路自北而南，复转而西，皆从山腰中着足。约高五里许，乃取径隧中以出。道旁多蜡树[21]，其叶类吾乡女真，而黑黝过之。土人多从春初放蜡虫于其颠，遍蚀叶且尽，而窠其滋[22]以为膏烛之籍。倘亦茧蜜之伦，造化巧为生人利用者与？[23]又三十里，平田纳纳[24]，缀以山径。宵行二十里，抵祁阳。陂塘山阜，从灯影中仿佛。晚憩别馆，馆子谈县廨中多木魅，时时汩奚儿[25]于水盎中以为剧。甚奇。

初六日登祁阳东关。环市栉比，赀货之盛，倍于前途。及三浯驿问渡，波流漾漭[26]，喷沫时作，所渭浯溪[27]也。烟旭中寻中兴颂石崖天齐处，舟子云，尚隔一舍。俛仰浯山唐亭之胜，及漫郎[28]旧宅，杳不可迹。至漫郎颂中指次为鲁直所洗发，以托于春秋之义者，亦历落畸人[29]一段文心也。登陆，上黄罴岭，趾高而行夷[30]。约三里，下平冈，其脉自县南龙山蜿蜒而来。掉脚往往逆行，界屈岭而止。岭之南为平田，绵延二十余里，为冻青馆。中顿少憩。时值禁烟节[31]，道中村民，往往用团楮裹星火以行，盖为雨露既濡之感，杯酒渍土资也。柳色乡心，见之恻然。有猎户牵趫[32]狗逐麃兔，健决可喜。左右山麓多青苍奇石，与晴色相映。自脂车来，十九淋雨，及此眉眼为开。二十里为杨梅岭，逵石新广。又二十里为黄婆山，故平陇也。有妪缘树，上下如猿猱，亦自骇目。宵行十里而及永郡。零陵董令，为柳州太守云泉犹子[33]，沿街以门灯相迓。及馆，供顿甚设，乃西行所仅有，予为愧之。

初七日发永州。廨西有潇湘二江神祠，凭轼以礼。出潇湘门，上浮桥。桥横亘巨舰三十五，贯以铁索，架白板其上，行甚夷，不知其流之迅疾也。水为冉溪，柳子易名愚溪者。北入湘江。盖潇水发源九疑，而合流于湘郡，址南当其分，北当其合。从潇湘楼纵观之，若游鱼逆流而上，吞吐出没。而崇墉[34]蜿蜒，烟树茏葱，带以数十万家，以当楚西锁钥。张粤者，每以诸生省试去楚遥而入粤便，欲割之，为桂林附庸[35]；而张楚者以赐履[36]之旧，昵[37]不任割，亦以山环水隈，愊愪（bì yún）雄腾故也。度芝山，谒柳司马[38]祠，殊湫隘[39]，有小殿，亦阴塞。三十里为大石城山，即子厚所记者。石层累如睥睨，青苍映日，其麓可十里许。左右壁立而中洼，篮舆行洪[40]中。讫磨车，馆道始抵。傍多楮树[41]，古茂阴映。而孝修以舆人取捷，忽从小径攀峻岭，逾悬崖绝涧，渡溪而至，约十里，始与余会于逵路[42]。又五里，傍曰“楚粤分界”，循山径而出，则乔松千章，行列道傍，大可四十围，小不下二十围，高可二十丈许。其趺[43]十余丈而下，绝无旁枝，其上乃始虬盘龙攫，互相槎牙[44]。至有两干并上，大类连理，竟难伯仲。涛声弦响，云日蔽亏。其清古雄寒之色，沁人肌骨，即篮舆已度而睠[45]不忍回瞪者，多为千年以上物，相传为楚王殷分鼎时所植，良不虚耳。十里为黄沙市，

乃逾湘而山角驿，至则粤之东境全州界矣。是日北风壮，土民相庆以为丰兆。谚曰："三月初七日，南风吹过北，有田不得谷；北风吹过南，有米啖不完。"亦广右风俗志也。

初八日发山角，十里为黄沙铺，四十里城南驿。黄沙而南，山阜时有，逼侧至此，则平田夷旷，而远峰迢递绵亘矣。夹路古松，接武献奇[46]，如昨者殆无量数。是日日稍烈，觉有郁蒸意，固其地气使然。刘全州守来迓入城，而苍梧张观察七泽公，适以万寿赍贺，驻节全署。余上谒，语余曰："此中风气，夙称恶劣。饮食男女之际，当矜慎，而衣被寒暖，更宜节而衷[47]之。晨起必量阴晴为定则，燠无大减，凓[48]无大增。宜多为单衣半臂，递裒[49]益之乃善。"余曰："御瘴必以酒。有诸？"曰："风雾未阊[50]，稍引蕉勺[51]为宜，剧饮之，反为毛窍易张，而为瘴毒所乘，此最宜戒。至榔实蒟叶[52]，吾辈亦无庸也。"且云："足下亦太守迁客耳，何必久为御瘴计？"余曰："何敢以庆廨为传舍[53]！"遂谢而别。午发城南驿，逵术[54]延广，阛阓殷然[55]，人材物力之盛，似当领袖八桂。度西闉（yīn），而盘石当城西之漓江口，光孝寺据其上游。入寺，有无量寿佛塔，塔中祖僧肉身，蒙漆黝然，华灯炽然，土人虔礼甚盛。索其《阊山志》观之，多言神通幻迹，凡数卷。寺当湘漓分流之界，北为湘，南为漓。余遵漓而行，两岸诸峰，突兀插天，矗矗迎人。而右壁幽嵌层出，欲覆篮舆。下瞰清流彻底，怪石齿齿，真令人应接不暇。拾级登岭，有亭曰"江山一锁"。进曰"卷烟阁"，其窈处凿石为大士阁。西行新甃石逵，不五里为飞鸾桥，长可百丈，度平田五里，再循山径，古松夹路，亦复献奇。而忽遘被燔者数章[56]，或剥鳞，或划根，惨不忍视。千年灵物，溘焉沟断[57]。询之舆夫，多为贩狙与土狯相勾，日侵月蚀，托言野烧所烬，而以数铢官镪[58]贱售之，为牟奇利计者。即百厉禁，不能御也。念之慨然。宵行二十里，宿山枣驿。

初九日发山枣，古松犹昨，借野烧牟奇利者，亦复如昨。私念人情好恶相反，故尔尔落落[59]千丈，犹正人之为国栋也。见金而不见松，则此松之澹居于古道傍也，于彼何碍，而不尽不快。爱此松者，不复爱此妬松者；则彼之以松尽也，于我何碍，而自不得不疾之若仇。人情大都如此矣。十五里为华光馆，馆背南而向北，递北为白面山。徭人窟穴其中者，纵横五十余里，不领于公家之版[60]。三十里为兴安县白云驿。距驿三里许，尧舜两山，相拓如画，趾各离立。群峰矗起如笋，峰各自为尊，从上瞰之，如萍点于波。田塍相错，无遁影者。二十二里为严关，闻从此少雪多瘴，然险隘半就夷矣。壁间大署“严关”及“胡邻东还书，宋政和乙未[61]二月二十日”数字。时就晡，平冈中枯茅萎塞，稚子为僮贼所惊，乃秉炬行三十里，及大榕江。乙夜[62]问渡，知为罗洞所自出，往往多蛊毒，即苦渴不可饮。渡讫，宿大榕馆。

初十日发大榕，龙蟠玉泉之胜，寄彷佛间耳。三十余里至临川县，则临岩在望矣。嬴秦[63]将戍五岭，命史禄凿渠[64]于此，遂以灵渠名。而马援南征[65]，饷道亦此焉。出延望，峰峦楚楚[66]，时若火焰若剑戟者皆是。徭人好斗，良以此故。二十里为甘山渡，又五里为望城馆，崇冈大嶂，耳目为朗矣。又五里为拱极楼，入粤省北门。门外峦岫十数浪起，都尖矗而小，其壁立一似不可攀者。城以万雉横截之，门以内朱门相比，则靖江支藩也。予侨居武定宗侯樊圃中，仰首而望，独秀山峭然，削成如卓笔[67]然。周遭环以朱槛，其凹以馆，其凸以亭。旋联而上，又如浮图然。《志》称郡守严延之[68]读书于此。而今为靖江邸中行乐地，固天下诸藩所未有也。东江陈驿尉，以新迁杉青巡司来谒，辄附乡信，为报瘴游[69]无恙。

## 【笺注】

（1）阿栋：屋栋。清焦循《群经宫室图·屋图》：“栋处极高，其象若阿，故曰阿。”

（2）蔀（pǒu）：遮蔽。

（3）芬韵：高雅的香气。

（4）觏（gòu）：遇见。同“逅”。

（5）清驶：清流。韩愈《南溪始泛诗》：“南溪亦清驶，而无楫与舟。”

（6）迥：远。

（7）甃：砌累，修治。

（8）南轩：张栻，字敬夫，号南轩。淳熙年间知静江府经略安抚广南西路。早年从胡宏学道，与朱熹、吕祖谦齐名，时称“东南三贤”。

（9）泐：石头按脉理而裂散。

（10）赝题：伪托的题字。

（11）李吉甫：字弘宪，唐随郡人，元和间两度为相，因功封赞皇县侯，徙赵国公。齐映：唐高阳人，善画山水，曾任桂管、江西观察使。卒谥忠。

（12）丛薄翳如：草木茂盛状。丛薄，草木生长之处。

（13）游目：随意瞻望，观赏。

（14）淋涔：雨水及路上的积水。

（15）纯阳：八仙之一吕洞宾之号。

（16）忠武：岳飞。孝宗时谥武穆，后谥忠武。札：同“扎”驻扎。

（17）二圣：指金人入侵被掳去的宋朝皇帝钦宗和徽宗。

（18）“不因”二句：意为不到岭外做官，就不能控制岭外。

（19）陟砠（jū）：砠，戴土石山。

（20）坦衍：低平之地。

（21）蜡树：女贞树的别名。人们于树枝上养蜡虫，以取白蜡，故称蜡树。

（22）滋：液汁。此指蜡虫排泄的蜡汁。

（23）“倘亦”二句：意为如果是茧和蜜之类，大自然会被土人巧妙利用吗?

（24）纳纳：广大包容貌。

（25）汩：沉没。奚儿：古代对北方少数民族的称呼。

（26）漾漭：水流动荡广阔。

（27）浯溪：三浯水，在湖南祁阳西南，北入湘水。唐元结爱其胜异，遂家溪畔，命曰“浯溪”，作《浯溪铭》，并筑台曰“峿台”，亭曰“痦亭”，即所谓三吾者。

（28）漫郎：元结，字次山，始号玕子，继称浪士，亦曰漫郎。

（29）历落畸人：磊落、奇特之人。

（30）趾：地势高峻。行夷：道路平坦。

（31）禁烟节：寒食节之别称。

（32）趫（qiáo）：矫捷。

（33）犹子：侄儿。

（34）崇墉：高耸的城墙。

（35）附庸：原指附属于诸侯的小国，此处意为辖属。

（36）赐履：君主所赐的封地。履，泛指界域。

（37）昵：亲近。

（38）柳司马：柳宗元，曾被贬为永州司马。

（39）湫隘：低下狭小。

（40）谼（hóng）：大谷。

（41）槠（zhū）树：常绿乔木，木质坚硬。

（42）逵路：通向各方之路。

（43）趺：足部，此指树干下部。

（44）槎牙：错杂不齐貌。

（45）睠：反顾，同“眷”。

（46）接武献奇：意思是一株株都很奇特。武，迹。《礼·曲礼》：“堂上接武，堂下布武。”

（47）衷：适当。

（48）溧：通作栗，寒冷。

（49）裒（póu）：减少。

（50）闿：开。

（51）蕉：蕉叶，浅的酒杯，以形似蕉叶得名。勺：酒，通“酌”。

（52）榔实：槟榔，果椭圆，橙红色，可入药，能消食，粤人也用以待客。蒟（jǔ）叶：多年生草本植物，叶可用食槟榔。

（53）传舍：古时供来往行人休息住宿的处所。

（54）逵术：道路。逵，四通八达之路。术，邑中之道路。

（55）阛（huán）阓（huì）：街市。殷然：繁茂貌。

（56）遘：遇到。章：大树。

（57）溘：忽然。沟断：断绝。

（58）官镪：官钱。镪，钱贯。

（59）尔尔：犹言如此如此。落落：稀疏、零落貌。

（60）版：户籍。

（61）政和乙未：公元1115年。

（62）乙夜：二更时候。古代以更报时，二更约夜间十时。

（63）嬴秦：秦始皇，姓嬴名政，故称嬴秦。

（64）命史禄凿渠：秦始皇二十八年（公元前219年），命尉屠睢率军经略岭南，使监御史禄开凿灵渠，以通粮道。

（65）马援南征：马援，字文渊，东汉扶风茂陵人，建武十七年（公元41年）任伏波将军，南征交趾，立铜柱表功而还。

（66）楚楚：鲜明貌。

（67）卓笔：植立之笔。

（68）严延之：严为“颜”之误。颜延之，南朝宋临沂人，字延年，文章之美，与谢灵运齐名。曾为始安郡（治所在今桂林）守，独秀山麓有“读书岩”，相传为其读书处。

（69）瘴游：瘴乡之游。广西从前多瘴，故称为瘴乡或烟瘴之地。

# 三月十一日至十九日

三月十一日谒蔡中丞及穆侍御，遂有桂、庆互调之议。时桂林守为同籍王震泽，与余俱出于弱侯焦先生之门。震泽固醇谨长者，吏事亦复井井，徒以目眚[1]为苦。余固辞，两台固强之。余曰：“某走五千里入岭西，所乞休不即报可，而甘受事宇下[2]者，以庆远故也。走五千里入岭西，未受庆守一日之事，而遂夺同门生十郡之长，则始之乞休焉者，以庆远故也。即以庆远易桂，庆得矣，奈桂失何？即桂失而瑕矣，庆能独得而完何？调在庆守未入岭西之日，未尝不可；调在庆守既入岭西之日，则无一可。凡所为期免此举者，匪徒为桂守，亦为庆守也。”两台颔而许之。遍谒藩臬诸台，而臬长梅公二水为容台旧好，邀坐廨中，酒语曰：“西粤山川，何当积千年之灵，幸公一来，其以龙水为淮阳也。[3]”余媿谢曰：“惟有颜甲[4]。”漏下二鼓乃别。抵圃中，则夜月朦胧，藩邸鼓乐甚沸，可亭中尉以可酒相饷。婆娑庭中侧柏下，呼余杯自娱，乃就宿。

十二日晨起，步圃东小园，见牡丹一枝，烂熳迎笑，乃知岭表气候，较先吾乡一月。颇闻七星岩之胜，而詶[5]应杂沓，恐成逋客[6]，遂决计往。出东江门，道安仁寺，江有浮桥，联以四十巨舰，约广百仞有奇矣。此为东渡，岸有五侯祠，为频年没溺者，多而新之以祈免者。巷多朱门，散处天潢[7]。经嘉熙桥，袤可九十仞。石甃甚固，折而北则岩麓也。从七星观入，中为寥阳殿，左乃七星仙迹坊。拾级而上，凡十二折。仰睇之，岩似覆盖，草木蒙茏[8]，不见日影。嵌空处新竖一通明阁，再上曲房一楹，平轩三楹，又转为玄关。由左洞入，广可容百人。又转而岩稍压，俯[9]首以入，为右洞，则爽垲[10]如大厅事。中石柱二，一臃肿肥重，一围径仅拱把，上联于石，下柱于土。有一石横列屏于东隅，为游者置酒处，中可容二百余人。其折旋处，则亘而为石槛，穿而为石棂，滴而为石乳。再拾级以上，则邃而为石洞。其他如蹲如踞，目所遇者，未能一一指数。而黝深难测，目之所不至者，非秉炬不可达。遂由山腹寻径而出，复从故道。向通明阁前纵观之，直彻桂城，自独秀山而南，尖峦簇簇，焰光闪烁，绝无寸草株木相翳。而一峰自插一位，积数恰得三十峰，盘礴林立，诚大块[11]间一灵魂之区也。昔人谓山川胜北州，信然。

十三日发桂林，由永镇三江楼出，若武林镇海楼然。折而西，度城闉[12]里许，见洼田处奇石森列。已而两山对立如堵，北则峰峦坦迤[13]，南则累累迭迭，如剑如槊，如菖蒲丛，如莲花瓣，凡三十里延望皆然，知为阳朔奇幻处也。憩山爪馆，而西峰皆堆土，麓则石也，似童似独，绝无往来人迹。麓多攲仄[14]，半高半下，矗则登天，堕则入渊，杌陧[15]不休。凡三十五里，为苏桥驿，又前五里许，为竹峰渡。弥漫屈曲，前度一冈，则不见后冈行迹。又三十五里，抵永福县，宿公廨。讫百里间眼中所见南来者三人尔。

十四日发永福。从襟带三江亭登舟，舟窄甚，腥不可憩。顺流而下，中多隐石，波纹沸起。每一放滩，疾如纵矢。两岸崇峦挺特相送。其林水佳畏[16]处，青如螺结，其石骨棱嶒[17]处，净如苔滑。约三十里，有一峻壁屹峙，初睨之若无路，转而南，又为广路，岛屿萦回，卒不可究诘。又三十里为里定驿，巨峰浸江中，多峭拔宛嵌，花木繁秀，殆不可数。两岸山坳，皆僮所居，有蓬发者，有裸体者，有隐树而窥者，有凭矶而跂者，有汩而浴于江者，有赤乳而哺儿者。皆结茅为窝，采蒿而食，未知其聊赖[18]

安出。又二十里而月生东岭，岭插天孤县，空江清绝，四山寥廓。每逗一滩，水声濡濡[19]，瀑溅人衣。舟子云，此百里内，土毛[20]从未入贡，而二十里上下，绝无烟火。盖荒远萧瑟如是。乘月行二十里，至横塘驿，大雷电，雨如注，冰雹戛戛[21]，与舷相斗。夫岭南稀雪，乃雹从何来？岂蛟螭故戏龙水客邪？迄四鼓，飓风大作，孤艇震荡，恍似富阳江夜泊时矣。

十五日朝旭曈曈[22]，岸山渐平旷。二十里东泉驿，行三里许，有石矶蹲江中，脉理矗确[23]。计以舟触之，无不焦者。又三十里为洛容县[24]，登城仅一聚落耳。前令此者，为吾乡李孝廉名万春，固醇谨士也，竟永诀于此，而今为陶令。比屋茅茨，一周遭而罄。令坐堂皇[25]，则角巾黑甜[26]而已。闻城外僮人不少构斗，而为媒赛所持。有相龁者，仅以牛酒相罚，终不乐为汉法所拘。是夜，月色如画。

十六日五鼓，从洛容西行。月色苍凉，与冈阜相映望。烟云出没，宛若溟海落照时。四十里而渡洛青江，两岸山容与赤日相闪，状如火云。二十里而渡右江。右江南接龙水，西接浔水，而东则直达于桂。自洛容而东，水皆西南流；自洛容而西，水又皆东北流。盖山脉坟起处，从此歧向尔。渡后遶城，不一里为柳郡[27]东门。董太守云泉，为海宁世讲好[28]，邀饮于立鱼峰。余曰："固也，当上谒黄参藩恺衷。"公竣，遍索仙奕驾鹤[29]之胜，而后促膝作吴侬语[30]耳。上谒毕，遂问罗池。过雷塘，读眉山所书昌黎氏荔子碑。摩娑折角"之"字处，先是柳城屡隤[31]屡筑，旋复隤。畚锸者[32]，从隤土中，得碑角一"之"字，与故痕合，而城始就筑。嗣后贮折角柳库中，摹搨者必得请而后碑始全，亦一奇也。揖柳司户刘贲[33]墓，感愤久之。乃就席于立鱼腹中，腹广六十余仞，与云泉促膝语，烛烟酒气，氤氲相娱。从外望之，如吾乡鱼灯，然而其尾腾跃而上，若跳波而入者。闻有子厚镌题处，暗中摸索之，不可得。归宿公廨，云泉复来言龙水萧瑟之状，余曰：

"固习之矣。"

十七日发柳州。郭外民居，皆剪茅覆屋，黄沙莽莽，了无端际。风雨骤至，趻（chěn）踔[34]而行。二十里为墟市，见徭人富者戴红藤帽，乘马挟刀剑。贫者片麻裹头，腰间佩一蒯缑[35]，亦其天性好斗然也。遥望松下，搭歌成群，数十人一聚。其俗女歌与男歌相答，男歌胜而女歌不胜，则父母以为耻，又必使女先而男后。其答而相当，则男女相挽而去，遁走山隘中相合。或信宿[36]，或浃旬[37]，而后各归其家，责取牛酒财物，满志而后为之室。不则宁需异时，再行搭歌耳。从此山冈麤恶，无不剑戟交牙，而道间磈（wéi）砾龃龉[38]，绝少坦迤。茅塞蓁秽，杂以泥淖，所谓行路难者，宁复俪此[39]。几度岭十三，绵亘二十余里。每从岭腰俯视之，舆夫三分足垂在外，足下临大壑，往往千百仞，而转折处篮舆竟当其空，经此计无不心悸者。次柳城县东江驿，晚阅柳河东[40]文宣王庙碑而后就宿。

十八日发柳城西门渡江，江即龙水之西来者，从此为龙水客有矣。江不甚广，且挽流而上，际岸为迟。行五里，为琴弦山，山临大江。舆行其腰。径间乱石纵横，杂以茅秽。舆夫云，往时亦累石为级，暴水时至，仍复凌杂。盖自万历初年，晋陵钱侍御起莘公按柳后，随及龙水时一加辟，迄今三十年。直指使者檄官吏暨谳狱[41]诣柳，以当按部，至学使者都试[42]行学，迄未有过而问焉，岁时惟有一司李奉台檄一行部耳。坐此[43]道路梗塞，竟无甃底时。二十里为龙水铺，三十里为永宁铺，则宜山界矣。宜山令孙善长迓之大曹渡，为离郡四十里。渡口山石崎崟[44]，流沙没胫，烟霾茫茫，讫渡而馆大曹驿中，四望山峦若笋。

十九日发大曹山，行逾岭者数数[45]，而平冈为多。路经蹇涩[46]如昨，洼处流泉淙淙，迄无导之成涧者。其平旷处，土膏中时杂石碛（qì）[47]，宿莽与芊草相乱，田塍中往往牸牸[48]散牧，而芜秽不治。讫少耕耨者，良以汉僮相杂，以致旷土弥望如此。

道间每十里，则守望兵士荷戈挟刃，不下五六人。问其额糈[49]，岁不逾一金耳。十里铺胥吏以更衣易舆告予，从之。则伶人、侗人、仡人、佬人、俅人、僚人骈肩侧足而睆者[50]，弥满山谷。而僮妇之椎髻跣足，身裹賨布[51]，上锐而下广，盘跚丛茅中者，亦连衽成群，固生平所未经见也。日午，入庆郡东门，斋城隍庙。

## 【笺注】

（1）眚（shěng）：眼睛生翳。

（2）宇下：屋檐之下。喻在别人保护之下。

（3）其以龙水为淮阳也：用汲长孺不薄淮阳故事，以喻岳和声之出守庆远。

（4）颜甲：惭颜。典出王仁裕《开元天宝遗事》：唐进士杨光远，多矫饰，不识忌讳，时人多鄙之，皆云杨光远惭颜厚如十重铁甲。

（5）詶（chóu）：答。通“酬”。

（6）逋客：此指失意之人。

（7）天潢：皇族，宗室的后裔。

（8）蒙茇：草木茂密貌。

（9）俯（fǔ）：低头。同“俛”。

（10）爽垲：明亮、干燥。

（11）大块：大自然。

（12）城闉（yīn）：城曲重门。

（13）坦迤：平直斜延。

（14）攲（qī）仄：倾斜。

（15）杌陧（wù niè）：不安貌。

（16）畏：弓曲处。与“隈”通。

（17）棱嶒：高峻突兀。与“棱层”同。

（18）聊赖：指生活的依靠。

（19）潏（xuè）潏：水沸声。

（20）土毛：土地上所生长的五谷、桑麻、菜蔬等。

（21）戛（jiá）戛：象声词，物相击声。

（22）曈曈：日初出渐明貌。

（23）麤（cū）确：粗糙、坚实。

（24）洛容县：故治在今广西鹿寨县雒容镇。

（25）堂皇：官吏办事的大厅。

（26）角巾：有棱角的头巾。黑甜：酣睡，也指昼寝。

（27）柳郡：柳州在唐代曾称龙城郡，宋代称柳州龙城郡。

（28）为海宁世讲好：似应为“为海宁世交”。

（29）仙奕驾鹤：桑悦《念奴娇·登仙奕山作和东坡韵》：“龙城老倅，览宇宙，了无奇物。两屐秋云，仙奕表，好是丹崖翠壁。谁卷闲峰，尽收迭嶂，化作红炉雪。眼空一望，中州多少英杰。　慨想今古滔滔，长生秘蕴，几人能发？刘项当年争气处，数点流萤明灭。五岳难寻，三山何在，骚乱麒麟发。叹何时，得会群仙，同嚼明月。”桑悦，字民怿，明代常熟人，成化举人，正德间迁柳州通判。

（30）促厀：厀，当为“膝”之误。古时席地或据榻而坐，对坐移膝相近，以示亲密，故曰“促膝”。吴侬语：吴地（今江浙）方言。吴地称己或称人皆曰侬。吴侬，犹言吴人。

（31）隤（tuí）：倒塌。同“颓”。

（32）畚锸者：挖运泥土的人。畚、锸均为挖运泥土的工具。

（33）刘贲：唐代昌平人，字去华。以宦官诬害，开成中以秘书郎贬柳州司户参军，卒于柳。墓在城西五里。《粤西文载》有传。

（34）[illegible]James踔：跳跃。

（35）蒯（kuǎi）缑（gōu）：缠在刀剑柄上的丝绳。此指刀剑及其饰物。

（36）信宿：连宿两夜。

（37）浃旬：一旬，十天。

（38）磈砾龃龉：山石高低不平。

（39）俪此：与此相并称。

（40）柳河东：柳宗元。柳州文宣王新修庙碑，为柳宗元撰文。

（41）直指使者：朝廷直接派往地方处理问题的官员。谳（yàn）狱：平议疑狱。

（42）都试：考试。

（43）坐此：因此。

（44）崎崟（yín）：山石不平处。

（45）数数：频繁。

（46）蹇涩：困顿不顺利。

（47）石碛：浅水中的沙石。

（48）牸（zì）：母牛。

（49）额糈（xǔ）：粮饷多少。

（50）伶、侗、伭、佬、伙、僚：均为当时我国西南地区少数民族名。

（51）賨（cóng）布：賨人充赋税之布。《后汉书·西南夷传》："始置黔中郡。汉兴，改为武陵。岁令大人输布一匹，小口一丈，是谓賨布。"

# 三月二十日至七月初十日

三月二十日寅刻，谒城隍之神，具文以告，以辰刻进郡。署铜仁杨郡丞，以被刺不出，金溪江司理以摄篆授事，而河池曾州守，宜山孙令君，天河[(1)]署事思恩萧令君，荔波[(2)]叶令君，各以手版来谒。所不至者，则南丹、东兰、那地三土州[(3)]，忻城一土县，永定、永顺二长官司[(4)]。阅旬月，而先后以邮中手版来。汉法之旷也久矣。乡绅自郡守、县令、学博[(5)]、孝廉、诸弟子员而下，凡若干人，来谒，即订次日一谒文庙，将会讲于尊经阁。郡墀榕树，大可十抱，枝叶几覆堂东西，荣且尽。而两廨瓦砾，积与垣齐，垣仅六尺许。廨胥三人，史四人，半为全州产，半为东粤高要产，绝无土著；舆、皁、门、快[(6)]，充数而已。入衙斋一木榻二板，凡三四，竹椅略具。逾短垣，桃李数株，将实径，蒿三尺余。有环翠亭，支柱无恙，一鉴亭凡六角，半为蚁所蚀。枯池亩许，蛙声如击柝。仰而听鹧鸪，四山磔格[(7)]，皆耳所未尝。蝮蛇时时挂梁壁，蜈蚣尺许，赤蚁寸许，皆目所未尝。延望天门山，隔江而枕于郡北，而九龙诸峰及南山石龙洞，蜿蜒拱揖，亦一郡之胜也。独风雾四塞，即晴霁非及巳不开，则自桂林而西，比比然矣。

二十一日谒文庙，学博率诸生会讲于尊经阁。与会者郡绅王太守泳一人，府倅县令四人，学博五人，孝廉七人。讫事而王太守赋《凰鸣歌》，以志其盛。

二十二日谒黄文节鲁直公[8]祠。读庑下先为宜州守，后以仙蜕去张丹霞先生所撰祠志，已而问南楼故址，文节饮憾九原处，为之缅然流涕。

二十三日视事堂皇。胥吏抱故牍，惟南丹州董界杀人数案，郡地州占德谨四堡数案，永定长官司兼摄清潭南乡，刵[9]其徭人两耳，为江司理以谋反具申行剿旅拒数案。其他重大事情，半系土官劫杀，徭民构斗状。每投文，胥吏辄报无有，每及期放告，胥吏亦辄报无有。

二十六日，太平李司理以随巡行核郡县诸牍至。余置酒郭西香林院，散步风林，见涧水淙淙，汇为方塘数亩，五六小峰，玲珑矗起。迹其上，有龙眼古树六本，茏葱可爱。而下为牛栏，中半竹阁，粪壤几不可近。问其主，曰倪生、璩生、丘生。余延问其契值若干，积餐钱易之。诛茅除秽，欲构讲堂，辟为书院。及检《岭西通志》，乃知为赵清献公[10]从赣州谪判宜州，群诸生都讲[11]故处，遂决意成之，额曰“香林书院”，而为之记。已余报移赣州，宜山孙令君曰：“清献公后身耶，何以巧相会也？且院中石梁虹亘十丈许，下空洞而上岩崿[12]，岿为郭西奇观者，夫岂偶然？愿易名为石梁书院。”余固辞之。

四月初二日，南丹等州以腆金大币[13]来贺，且曰，循往例也。余即来牒斥责之，仍大署其尾曰：“逋案[14]如董界杀人、德谨占堡数事，早为洗结。恪乃位[15]，即是恭上官。不得稔咎干纪[16]，以贻伊戚[17]。”郡绅闻而是之，作《斥金歌》。

初四日，柯恤部以谳狱檄庆入柳。南丹土官捏诬夏驿丞徐巡检，以土兵二命宜偿，积久不结。余察其借端抗逆，为汉人滕子高、林华交结拨置[18]，而二流官因公课起争，为夷夏大防所关，难以凡谋斗殴律论，乃悉反沉案以怵[19]之，积横稍戢[20]。

二十五日，穆侍御按柳檄庆，余赍[21]诸牍上谒，侍御按两郡事，至五月五日乃讫。时为余初度[22]。董太守觞之郡斋，遂走宾州[23]。

五月初六日，从迁江、上林入宾，时铲马贼方横，道路戒严。余肩舆疾走及宾，上谒聂观察念慈公，为言自柳入宾，文檄犹刻期可达。自宾至庆，中为南丹卫[24]罗目渡、忻城土县，道路都枳[25]，声教几且不通，君其奈何？余曰："此八寨故处也，昔贤善后肯綮[26]实未有尽，当过而问焉。"余肩舆诣其地，一一经画之。先以立堡具覆，随上八议，中有增流县以巩幅员者是也，具如别牍。

十一日，渡罗目及忻城县，土官莫至诚来谒。其人乔朴[27]无所芬华。余戒之，谨疆守以无轶王略[28]。

十二日，永定土司叛目韦萌发，以其子来迓，余慰遣而呼其父，初诈以病辞。余曰："此为真叛目也，速来无及于殃。"少顷，萌发囚服跃马而至。余好语宽之。取来版裂片幅朱书其上曰："韦萌发速擒贼首覃朝马，到日萌发免死，且论功。"牵其手于幰幰[29]下，襞(bì)而与之，且诫曰："即汝妻子无漏。"萌发窃睨之，报曰："须官兵三百。"余曰："此又叛目语也。朝马为汝洞奴，而以谩我，其归细思之。"抵郡，越数日，复以牒来，仍请官兵三百，余笑而麾之曰："我与此酋以生地，而彼趋之死所。"佯为不深讨也者，而胥吏已侦而输之矣。先是莅庆五日，萌发以长子率土兵五十余人谒贺。其子首饰金抹额，身披绣甲，从兵皆手长矛，衣墨竹甲，以僮酒二瓮、黑羊二牵为仪。余受而即犒其从兵分啖之。江司理从旁目语曰："萌发负固六年所，一旦以爱子来趣，囚之，一弹指，不胜万数甲兵邪？"数数怂恿。余稔知其故，笑语之曰："彼以贺来，擒之不武，彼故父叛囚子未协[30]。"笑而遣之。已而牛贾有言被劫，贼逋萌发寨中者，胥吏曰，须兵士数人趣缚之。余曰："无庸也，以片符令壮役蒋应元往勾之。"应元恇[31]不任，请益伴以防旅拒[32]。余曰："无庸也，汝第去，萌发当亲饭汝，仍劳汝，汝

食而受之以归。”已而果然。从此萌发心动，若有恻恻[33]于余者，及此余经其乡，已而阳置其牒不与较，而萌发遂束身以来。

六月初一日，季试[34]郡邑诸生。甫午，垣外铃声珊珊然，门者曰，调赣报至。时方定课期，订讲规于香林书院中，而忽将戒倌[35]，诸生为之黯然。余曰：“冯当世[36]挺出于此，天门拜相，山英灵未歇，第努力勉旃[37]，征梦堂故须诸君再振清响耳。”

初四日，香林书院落成，郡绅孝廉暨学博弟子员，咸集于会，而备戎庄志传，亦愿北面就弟子列。余为拈王文成公[38]“天泉桥上无善无恶”一则，为王汝中、徐曰仁所相质。及迩来许敬庵、周海门两先生，以九谛往复之旨[39]，揭之屏间，与座中互证。维时各各有省[40]而散。因询舆夫曰：“张丹霞仙子遗蜕安在？”初误指他墓，迹之不得。再穷一山坳，洞门仅二尺许，《志》称尸解之日，其衬从郡廨挟风雨飞入，度何能约缩至此。伛（yǔ）进礼之，见乱石纵横，似有遗骸零杂，作殷红色。余偶携三金，属庄备戎买石甃之，大书“丹霞遗蜕”四字，镌洞门之额。

初五日，宜山令进谒曰：“晚来永定土官，闻已入城。”余曰：“百里侯何遂以此作咄咄怪事[41]？”令曰：“萌发其父劫省藏逆颜行者数十年，无能正法，没身而当事者仅涂塞了事，以有萌发之袭替。袭替三十余年，广辖一百八十四村，复益以清潭、南乡二里置庄十所，庄各一妾，妾各一子。雄长于郡南十五里中，仅咫尺耳。往举事一不审，轻挑之蚁动狼顾[42]，迄五六年。大中丞令旗招之不来，宪使督兵围之不出，郡县千檄百符趣之不应。今不烦尺挺，囚首自服，此岂易言？”余曰：“固也，何以处之？将囚之必逸，将不囚之非法；将抶之不承[43]，将不抶之非法。彼持矛带甲，环伺而探声息，为逆顺计者，遍城闉皆是也。此岂可草草措置者。试为余筹之。”令猝无以应。余曰：“余与君且出厅事，君肃立偕前，余肃容而呼之，以竢一时机遘[44]。若何？”余遂前行立阶上，令立阶下，左方隶人大呼启门，命土官进。余语之曰：“韦萌发今日之事，应受杖乎？不受杖呼？”萌发曰：“宁甘杀，不任受杖。”余曰：“此又真叛目语也。杖则向不来而无以杖，今来而反杖，汝谓上官顺逆无别；不杖则今之来可以无杖，向之不来何以逃于杖，汝试谓天朝法守何在？且杖则明告司道宪使曰，萌发受杖矣；明告抚按两台曰，萌发受杖矣。从此可早结而免于解杖。不任受杖，则府无杖而解道杖，解司杖，又解两台杖，杖且滋多而难以早结。”萌发始幡然[45]解衣曰：“甘受杖。”命隶人杖之。及十二下，萌发曰：“夙患疝胞大如瓮，过此难承矣。”余呼止之曰：“病者不杖。姑待愈而讫法。”立呼承行胥曰：“取供单来。”胥曰：“干[46]逮未齐。”余曰：“呼之门外即齐耳。”以五六年负固土司，一日而归命案中。干连无不潜伏窃听者，第伺我之缓急宽猛，以为应憎耳。且缓则若辈利而地方不利，急则若辈不利而地方利，夫此眈眈者久需何为也。试呼之门外，果人人响应至矣。隶人呼萌发画招，萌发瞪目而问曰：“犯人何罪？”余曰：“坐汝叛逆，实无反形，难以论辟。坐汝割僮人两耳，法宜遣戍，然实为汝洞仔，而汝自刵之，固难绳以汉法。然恢恢王土，何藉汝一夫荷戈为也。当罚备荒米五百石，坐以杂犯减徒，而并徒汝僮干二人，以明示恩贯[47]。”萌发痛哭曰：“生成之恩，世世无忘。”遂俛首入狱。濒入，复呼语曰：“汝知我早结案意乎？稍留之则汝干目多计，而思夤缘[48]以行求，则不能无多费。稍留之，则郡胥吏多计，而思需索以骫法[49]，亦不能无多费。汝第安心就狱，以听早结，则法竟而恩见，汝犹可以官，子犹可以替。”萌发复汪然泪下而就系。阅日辄具牍上黄观察。观察杖之四十，并杖其家仆各四十，具详两台如拟。归而萌发帖然，庆郡南一面寂无咆哮声，逾年竟以病死。而其子甫十七龄乃告替。

十五日谒文庙，诸生会讲毕，前请曰：“棂星门外预頖池[50]，

故有文峰五座，幻出莲朵，中前冯后黎，文运迭起。后以得过郡守假他端怒而划平之，从此科第杳然。吾师为补錬手，计将何出？”余曰：“何难？右江中奇峰林立，第劳五丁驱而续之，将使后生毋逊前贤。”遂属宜山命之匠氏。余《送七孝廉北上》诗，有曰“天门旧有峰峰在，莲岳新添个个成”，正以此。

七月初十日，束东归装，将趋赣，而郡士民以挽留奔告两台。两台曰：“仕路挽留，计无不出本官意者，而庆郡挽留，计无出本官意者。且早趋赣，即应觐耳，不早趋赣而留庆郡一日，则郡一日有庆。”此两台札中语也，故檄藩臬详议之。已须[51]泗城州土官岑云汉父子会勘一案，乃不旬日，先奉直公讣至，以奔跣行。蔡大中丞复移札曰：“我欲留明公，乃以赣夺我，以为庆之人不敌赣也，我卒无能暂留明公，乃以忧夺。我今以为赣之人不敌庆也。”余为之颜甲。

## 【笺注】

（1）天河：县名。唐贞观四年置，宋大观元年废，靖康元年复置。1952年撤销，并入广西罗城仫佬族自治县。

（2）荔波：县名。宋置羁縻荔波州，明初废，改置荔波县，然其地仍为粤黔二省雷、皮、蒙三土司所割据。正统中改属南丹州。今属贵州省。

（3）那地土州：唐时名曰那州，宋时置地、那二州，元因之，明初省那州入地州，改那地土州，属广西庆远府，在今广西南丹县。

（4）永定长官司：唐初为羁縻思顺州地，宋初为思顺、归化二州，后为宜州市地，明析置永定长官司，属广西庆远府，在今广西宜州市。永顺长官司：唐为羁縻述昆州地，宋为宜州市地，明析置永顺正长官司，属广西庆远府，在今广西宜州市。

（5）学博：唐制，府郡置经学博士各一人，职掌五经教授学生。后来也泛称教官为学博。

(6) 舆、皁、门、快：舆人、皁隶、门子、捕快，均为衙门内地位低微之人。

(7) 磔格：风吹竹声。

(8) 黄文节鲁直公：黄庭坚，字鲁直，宋洪州分宁人。哲宗时，为《神宗实录》检讨官。绍圣初，曾知宣州、鄂州。章惇、蔡卞认为其修实录多诬枉，贬涪州别驾。徽宗时起知太平州，后又贬宜州（治所在今广西宜州市）。在宜州期间，曾写下著名的日记文学经典《宜州家乘》。次年卒，私谥文节先生。游苏轼门下，为苏门四学士之一，有《山谷集》等。

(9) 刵（èr）：古代截耳的肉刑。

(10) 赵清献公：赵抃，宋代衢州西安人。卒谥清献。

(11) 都讲：学舍主讲者。

(12) 岝（zuó）㟧（è）：山高貌。

(13) 腆金大币：丰厚的礼金。腆，丰厚。

(14) 逋案：悬案。逋，拖欠。

(15) 恪乃位：忠于本职。恪，勤恳，恭敬。

(16) 稔咎干纪：知罪而犯法。稔，熟知。

(17) 贻伊戚：给他人留下悲哀。

(18) 拔置：挑拔。

(19) 怵：恐惧，恐吓。

(20) 戢：收敛。

(21) 赍（jī）：携带。

(22) 初度：生日。

(23) 宾州：唐贞观五年（公元631年）置，明清皆属柳州府，治所在今广西宾阳县。

(24) 南丹卫：唐为羁縻极边之地。宋初置南丹州，元初置安抚司。明初仍曰南丹州，改设南丹卫，寻复为南丹土州，属广西庆远府。在今南丹县。

（25）枳：芬木，意为盗贼充斥。《后汉书·冯衍传注》："芬木也。杯棘多榛梗，以喻盗贼充斥也。"

（26）肯窾（kuǎn）：肯，贴附骨上的肌肉。窾，空隙处。

（27）乔朴：俊逸、质朴。

（28）轶：超越。王略：天子之政策。

（29）幰：车前之帷幔。

（30）协：顺服。

（31）恇（kuāng）：害怕。

（32）旅拒：聚众抗拒。

（33）恻恻：恳切。

（34）季试：小试。

（35）戒：敕令，命令。倌：与"官"通。此指调往江西的命令。

（36）冯当世：冯京，字当世，宋江夏人。皇佑元年举进士，自乡试到廷试俱第一。为翰林学士，知开封府。哲宗时，以太子少师致仕。卒谥文简。

（37）勉旃（zhān）：勉之。旃，相当于"之"或"之焉"。

（38）王文成公：王守仁，官至兵部尚书，封新建伯，卒谥文成。

（39）九谛往复之旨：南都旧有讲学之会。万历二十年，名公毕集，会讲尤盛。一日拈《天泉证道》一篇，相与阐发，而座上许敬庵公未之深肯。明日，公出九条目，命《九谛》以示会中，周海门先生为《九解》复之。九谛，指佛教中的苦谛、集谛、道谛、灭谛。

（40）省：明白，悟解。

（41）咄咄怪事：形容出乎意料、令人惊异的事情。典出《世说新语·黜免》。

（42）蚁动狼古：像蚂蚁一样出动，像狼一样窥伺。

（43）抶（chì）：鞭打。承：顺从，接受。

（44）竢：等待，同"俟"。机遘：机遇，时机。

（45）幡然：变动貌。与"翻然"同。

（46）干：与本案有关涉的人。

（47）贳（shì）：赦免，意通“赦”。

（48）夤（yín）缘：凭借关系进行钻营。

（49）骩（wěi）法：枉法。

（50）頖池：頖，同“泮”。泮池，即泮宫之池。泮宫为古代学宫，泮宫东西南方有池，形如半璧。

（51）须：等待。

# 跋

龙水客曰：余从水西抵龙水，历省四，郡十七，州五，县五十三，涉大江者三十。凡六十余晷多春阴，所在苦涝，惟度浯溪日，开霁彻昼夜耳。将无元次山有灵轸[(1)]我瘴游乎？差快意者，一抚衡麓松色，再抚全州松色。望九疑。读岣嵝碑[(2)]，低徊尧山下，穆然尧舜禹之思焉。睹湘山寺肉身，张丹霞蜕骨，近于怪。渡汨罗，问原道馆，及愚溪、罗池、刘司户墓，黄文节南楼，近于怨。仿佛岳顶马祖、懒残[(3)]，及长源有宋诸儒故址，近于逋[(4)]。乃赵清献都讲故处，芜没民间，久为牛马场，以散步一睫得之，遂为庆地开千秋眉眼。落讲堂之日，有文豹腾跃而来，为庄备戎驱材官[(5)]格得以献。其征也夫？其征也夫？

## 【笺注】

（1）元次山：唐代人元结，字次山。天宝进士，晚年曾拜道州刺史，进授容管（治所在今广西容县）经略使，为唐代的著名诗人，有《次山集》。灵轸：神仙的车驾。南朝梁陶弘景《冥通记》卷二：“服则翠羽飞裳，乘则飙轮灵轸。”

（2）岣嵝碑：也称“禹碑”。后人附会夏禹治水时所刻，出后人伪造。宋嘉定中何致曾到碑所，手摸碑文刊之，凡七十二字，似缪篆，又似符篆，碑原在湖南衡山县云密峰，已佚。

（3）马祖：僧道一。唐什邡人，习禅定于衡岳怀让禅师。贞元四年元寂于建昌石门山，宪宗赐谥大寂禅师。以俗姓马，故时号马祖。懒残：唐释明瓒的别称。明瓒居衡山，性疏懒，常食众僧吃剩的饭菜，故时人称为懒残。

（4）逋：逃。逋客，是指隐士或无官失意之人。

（5）材官：武卒或供差遣的低级武官。

附录

# 岳和声传

岳和声，字尔律，号石梁，元声弟，嗣世父九皋后。万历壬辰进士，授汝阳令。汝故多水患，为筑堤七十二，延袤至百余里，人称岳公堤。擢礼部员外郎，会本生父殁，疏请终丧。为人后者得为本生给假终丧，自此始。出守庆远，冤狱多平反。访赵清献公讲学故址，建香林书院。守东昌，时值亢旱，首议赈恤，全活无算。并建摄城书院。寻擢惠潮参政，改补九江，累升福建提学副使，调永平兵备道，升都察院右副都御史、巡抚顺天，以论边事不合，乞休，疏凡七上。天启间，召抚延绥署总督。以疾乞罢归，卒祀乡贤。著作见《艺文》。

（民国《濮院志》卷十八《人物》）

# 重修静庵府君墓记

## 岳和声

我高祖梅溪府君奎营葬大父府君樾，别号静庵，于桐乡桑园桥之右方。而以父耕云府君端，与仲父樵隐府君澄，及己与弟怡菊府君璧，祔于昭穆之位穴。壬山丙向亥，脉入首水，缠玄武，饶青龙，由巽以出。坎方高垄隆起，明堂潴水环之，前有横琴一案亘于离，此胜兆也。始于弘治丁巳，讫万历庚戌，一百一十有六岁，而及吾兄弟三人，始并列仕版。则本生考敕封虞衡心夔府君九德，以博学困诸生间，攻苦督诸儿。而嗣考敕封仪制、青门府君九臯，殚力相之，始大厥家。岁在乙巳，和声以虞衡丧三年，讫事还朝，伯兄偕季子送之扬子江干，泫然以虞衡府君永诀时，拳拳以祖宗姓氏隐约未白，亟宜陈改为嘱。遂草疏，于是岁十一月廿二日具奏。十二月八日，奉旨下所司，覆请报可。移檄省、郡，下县，凡我族姓咸改乐为岳，环百里内外皆喜。静庵府君之阡，至今日而披蒙翳，而睹水木，人人知为武穆王十二世孙矣。先是，守者不戒，湮基芜脉，斩松刈柏，岁月浸淫，弗讨厥辜。至万历壬子九月，盗伐东北二隅巨柏五章，夷其离岸二尺有咫。不得已，鸣之郡司马关粤良公骥，以惩逆杜渐。内外宗姻咸集，厥议覆上郡，乃赦往戒来，清粮赎废，而列榜以垂永久焉，志慎也。其合窆于内，若怡菊府君之节妇范氏，还祔于外；若曾伯王父长子成妇曾

氏，屏诸丛槽；若诸孙某某，若诸孙妇，暨元孙妇某某，归我族之义阡者，事属宗老。择便利月日，需次以族。而夷有培，高有增，芜有芟，隙有莳，圮有葺，塞有浚，而舍有筑，墓田案地有赎有市之属，在我兄弟三人，实始事而图终之。乃于万历四十一年嘉平月十有七日，庀材鸠工，和声偕水部伯兄、比部季弟恪共厥事，越明年六月六日讫工，则伐石以纪。我子孙世世奉事，毋有斁焉。（下略）

（民国《濮院志》卷十三《祠墓》）

# 岳氏三进士第

在嘉界岳家桥，岳家兜之南。明进士岳元声、和声、骏声故居，通籍后迁郡城，故以祖居为旧屋。清康熙间，其后人复归于镇。

（民国《濮院志》卷十二《园第》）